서양의학사

THE HISTORY OF MEDICINE: A Very Short Introduction, First Edition

첫 단추 시리즈
018

서양의학사

윌리엄 바이넘 지음
박승만 옮김

교유서가

내 삶의 필수 조건,

헬렌을 위해

일러두기

의학 용어의 번역은 대한의사협회 의학용어실무위원회에서 발간한 『의학용어집 제5판』(개정판)과 대한예방의학회·한국역학회 용어위원회에서 발간한 『예방의학·역학·공중보건학 용어집』을 참고했다.

본문의 옮긴이 주는 모두 미주로 처리했다. 참고문헌과 독서안내의 옮긴이 주는 대괄호로 표시했다.

차례

머리말: 의학의 유형

이 짧은 책은 크나큰 주제를 다룬다. 이 책에서 나는 고대 그리스인으로부터 이어지는 서양의 의학 전통에 대한 큰 그림을 그리고자 한다. 그림의 재료는 의학의 '유형'이다. 이어지는 다섯 장(章)은 유형 하나하나에 대한 상세한 설명이며, 도판 1의 표에 대강의 요약이 담겨 있다.

의학의 다섯 가지 유형, 즉 머리말, 도서관, 병원, 지역사회, 실험실 의학의 구분은 각 유형이 이루려는 목표와 실행되는 장소를 기준으로 삼는다. 시대에 따른 구별로 보일지도 모르겠다. 그러나 이들 모두는 오늘날까지 이어진다. 히포크라테스 학파와 함께 시작된 머리말 의학은 현재의 일차의료에 조응하며, 중세의 도서관 의학은 의학을 비롯한 여러 분야에서 진행되는 정보량의 폭발적인 증가와 상통한다. 어떤 의미에서는 확장된 형태의 머리맡 의학이라 할 수 있는 19세기 병원의학은, 지금 보기에도 그리 낯설지 않은 각종 진단 장비와 치료 설비, 전문 인력 등을 특징으로 한다. 지역사회 의학은 정수 처리와 폐기물 관리, 예방접종, 사업장 보건 및 안전 감독 등의 환경 인프라뿐 아니라, 섭생과 생활습관, 유해물질과 같은 요인이 질병에 미치는 영향 등을 포괄하여 다룬다. 마지막으로, 이름 그대로 실험실에서 진행되는 실험실 의학은 새로운 약과 신체의 여러 작동 기전(機轉)을 탐구함으로써 진단과 치료에 이바지한다.

현대사회의 시민은 세금을 내고, 의료 서비스를 이용하며, 공중보건 정책의 수혜를 누리는 등 의학과 밀접한 삶을 살아간다. 따라서 의학의 역사는 현재의 역사이다. 이 책에서 제시하는 의학의 여러 유형을 바탕으로, 시민 여러분이 의학과 의학의 역사에 대해 다시 한번 생각해볼 수 있으리라 기대한다. 다섯 가지의 유형은 또한 현대 국가가 보건 부분에 지출하는 돈의 흐름을 드러내기도 한다. 보건 부처의 장관이 씨름하는 문제는 크게 다섯 가지의 분류를 벗어나지 않으며, 의료에 관련된 여러 이익단체 역시 마찬가지다. 일차의료와 병원, 공중보건, 생의학 연구, 그리고 의학 정보의 생산 및 유통과 같은 여러 쟁점이 머리맡, 병원, 지역사회, 실험실, 그리고 도서관 의학의 범주와 정확히 일치하기 때문이다. 문제는 예산이 한정된 탓에 각 유형의 의학이 서로 경쟁해야 한다는 사실이다. 생의학 연구에 더 많은 돈을 쓰게 된다면 병원에서 일할 직원을 채용하거나 공중보건 사업에 투자할 예산이 줄어들게 된다. 반대도 마찬가지다.

의학의 여러 유형은 한 시기를 공유하기도 한다. 고대 그리스인과 로마인을 생각해보자. 그들은 건강에 관련된 여러 문제를 해결하기 위해 다각도의 노력을 기울였다. 지역사회 단위에서 질병 예방에 힘을 썼고, 노예와 병사를 위한 간단한 치료 시설을 설치하여 운영했으며, 한편에서는 의서를 한데 모을 장소를 마련하여 의학 지식을 쌓아올리기도 했다. 환자의 머리맡에서 병을 고쳤음은 물론이다. 그러나 근대적인 의미에서의 병원 의학과 지역사회 의학, 실험실 의학은 19세기에야 비로소 제 모습을 갖추었다. 이 세 가지는 이른바 의학의 '근대성'을 이루는 중요한 특징이다. 마지막 장에서는 다시 한번 유형이라는 틀을 통해 20세기와 21세기를 조망한다. 현대 세계에서 여러 유형의 의학은 서로 뒤얽혀간다.

어쩌면 나는 서양의 의학 전통에 지나친 의미를 부여하는지도 모르겠다. 서구 사회뿐 아니라 세계 어디에서나 주류로 군림하는 바로 그 의학 말이다. 그러나 역사가는 저마다의 역사를 써내려간다. 나는 유형을 통하여 역사를 조망하는 방법

특징

종류		탐구 대상	교육 형태 및 장소	목표	예
	머리말	전인 (全人)	도제	치료	히포크라테스 (서기전 460?~370?)
	도서관	의서 (醫書)	이론, 강의, 대학	보존, 복원, 주해	콘스탄티누스 아프리카누스 (1098년 이전 사망)
	병원	환자, 장기	병원	진단	르네 라에네크 (1781~1826)
	지역 사회	인구, 통계	지역사회	예방	존 사이먼 (1816~1904)
	실험실	동물 모델	실험실	이해	클로드 베르나르 (1813~1878)

1. 의학의 유형. 여러 '유형'의 의학에 대한 도식이다. 의사들이 무엇을 목표로 삼는지, 그리고 어디에서 일하는지 등을 기준으로 구분했다. 이어지는 다섯 장에서는 각 유형을 역사적 맥락에 따라 살펴본다.

이 짜임새와 조리를 갖출 뿐 아니라, 전체를 간추려 소개하는 데에도 유용하다고 생각한다.

학술지에 원고를 투고할 요량이라면 자료 해석에 영향을 미쳤을지도 모르는 여러 이해관계를 밝혀야 한다. 나는 40년 가까이 의학사가(醫學史家)로 살아왔지만, 동시에 6장에서 서술할 의학의 '황금기'에 가르침을 받은 의사이기도 하다. 내가 과거를 해석하는 방식에는 분명 그때의 경험이 묻어 있다. 하지만 나는 오래된 '휘그주의'만은 피하고자 무진 애를 썼다. 휘그주의란 역사를 오늘 혹은 내일을 향한 필연적인 진보의 과정으로 보는 역사관을 말한다. 만약 휘그주의의 서사가 사실이라면, 성차별주의와 인종차별주의를 비롯한 여느 '주의'는 이미 모조리 쓸려내려갔어야 한다. 과거의 사람들도 나름의 기준을 세워 좋은 의사와 나쁜 의사를 구분하곤 했다. 좋은 의사를 기대하는 건 당연한 마음이기 때문이다. 우리도 그러하다. 다만 어떤 의사가 '좋은' 의사인지를 판단하는 기준만큼은 시대에 따라 끝없이 달라졌다.

제 1 장

머리말 의학

히포크라테스와 히포크라테스주의

여러 직종의 의료인은 히포크라테스를 저마다의 '아버지'로 추어올린다. 동종요법을 신봉하는 이는 『히포크라테스 전집』 (이하 『전집』) 속에서 자신의 뿌리를 발견하며, 자연요법의, 지압요법사, 약초의(藥草醫), 접골사 등도 마찬가지다. 물론 현대적인 병원 시설에서 일하는 의사도 예외는 아니다. 의업에 발을 디디며, 의사들은 히포크라테스 선서나 그 엇비슷한 글을 낭독한다.

이러한 애매함은 무엇에서 비롯하는가? 이유는 역사 속에 놓여 있다. 히포크라테스의 종적은 어딘가 모호하며, 따라서 다양한 해석이 가능하기 때문이다. 그래도 그는 실제로 존재했던 인물이다. 히포크라테스는 서기전 460년경부터 370년

경까지, 오늘날의 터키 앞바다에 있는 코스 섬에 살았다. 고대 그리스 문화를 선도했던 플라톤이나 아리스토텔레스보다는 조금 앞선 시기의 사람이다. 당대인들에게 히포크라테스는 중요한 인물이었다. 히포크라테스의 이름으로 수많은 저작이 전해내려온다는 점이 이를 보여준다. 사람들은 스스로 중요하다고 생각하는 것을 보존하기 마련이다.

어디에서 그리고 언제 살았는지를 제외하고는, 우리가 알고 있는 사실은 그리 많지 않다. 히포크라테스는 환자를 진료했고, 돈을 받고 학생을 가르쳤으며, 아들을 두었다. 플라톤의 저작에서 언급될 만큼 높은 명성을 얻기도 했다. 그러나 무엇을 썼는지는 불분명하다. 『전집』에는 그가 쓰지 않은 저작도 포함되어 있다. 200년이 넘는 시간 동안 수많은 이의 손을 거친 탓이다. 60여 편의 저작은 서로 다른 관점을 드러내기도, 때로는 서로 모순을 보이기도 한다. 『전집』은 진단과 치료, 예방을 비롯한 다양한 내외과의 주제를 망라하며, 섭생과 건강에 대해서도 이런저런 말을 남긴다. 어떤 유명한 저작은 환경이 건강과 질병에 미치는 영향을 다루기도 한다. 이처럼 히포크라테스의 이름은 수많은 주장을 포괄한다. 그런 의미에서 오늘날 우리가 말하는 '히포크라테스주의'란 하나의 역사적 구성물이다. 다시 말해 '히포크라테스적'인 무엇이란, 『전집』을 엮어내던 이들과는 다른 우리만의 관점으로 몇 가지 주제와 이론을 솎아내어 재구성한 결과이다.

그러나 다양함 속에서도 전체 저작을 꿰뚫는 하나의 흐름이 존재한다. '전인성(全人性)'이다. 히포크라테스주의는 총체로서의 인간을 향한다. 전인적인 의학을 동경하는 이들이 히포크라테스에게 열광하는 이유도 바로 여기에 있다. 찬물을 끼얹는 말이겠지만 전인성은 인체 해부를 싫어했던 고대 그리스 문화의 산물일 수도 있다. 그때만 하더라도 사람의 몸을 가르는 일은 그리 달갑게 여겨지지 않았고, 따라서 사인을 밝히기 위한 부검이나 깊이 있는 해부학 교육은 이루어지지 않았다. 딱히 의학교랄 것이 없었던 고대 그리스에서 학생들은 스승의 어깨너머로 표면해부학과 환자를 살피는 기민한 감각을 배우고 익혔다. 학생들은 환자의 징후를 살핌으로써 예후, 그러니까 병의 경과를 예측하는 법을 배웠으며 특히 환자가 회복될지 여부에 많은 관심을 기울였다. 병원 역시 존재하지 않았다. 이 장의 제목처럼 의사는 환자의 집에 놓인 침대의 '머리맡'에 앉았다.

오늘날의 일차의료는 바로 이러한 체계를 그 원형으로 삼고 있다. 그리스의 의사는 환자를 면밀히 살폈다. 사회경제적인 상황과 가정 형편, 생활습관과 식습관은 어떠한지, 여행을 다녀온 적이 있는지, 자유인인지 노예인지, 질병이 비롯된 소인(素因)은 무엇이 있는지 등 다양한 요소가 조목조목 검토되었다. 이를 뒷받침하는 이론적인 바탕은 『전집』에 실려 있다. 뒤에서 설명하겠다.

오늘날 보완대체의학의 지지자들이 전인적 관점에 집중한다면, 현대의 과학적인 의학에 조응하는 특징도 있다. 가장 중요한 지점은 자연주의이다. 이집트, 시리아, 메소포타미아, 바빌로니아와 같은 고대 근동의 의학에서는 신앙과 치유가 연결되어 있었다. 사제와 의사를 겸하는 일도 예사였고, 질병은 신의 진노나 죄악, 또는 초자연적인 힘의 결과로 여겨졌다. 진단 역시 기도를 올리거나 동물의 내장을 살피는 방식으로, 혹은 계율을 어긴 지점을 되짚어보는 등의 방법으로 이루어졌다. 물론 주술적이고 종교적인 성격의 의학은 히포크라테스가 활동하던 시절의 그리스에도 존재했다. 그리스 문화권 전역에는 의술의 신 아스클레피오스를 기리는 신전이 있었고, 아이러니하게도 히포크라테스의 고향인 코스 섬도 예외는 아니었다. 가장 이름높은 사원은 본토의 에피다우로스에 있었는데, 지금까지도 그 원형이 상당 부분 보존되어 있다. 사원은 상주하는 사제에 의해 운영되었다. 환자들은 사원에 찾아가 신성한 뱀과 함께 밤을 보내고 사제에게 간밤의 꿈을 이야기했으며, 사제는 그를 바탕으로 나름의 진단을 내려주었다. 사실 옆에 뱀을 두고 잠을 잤으니, 꿈자리가 평소와 같을 리 없었을 테다. 그런데 왜 하필 뱀이었을까? 끝없이 허물을 벗는 뱀의 모습에서, 사람들은 재생의 심상을 떠올렸기 때문이다. 뱀은 의술의 상징이었다. 도판 4(47쪽)를 보면, 의술의 신이 가지고 다니는 지팡이인 카두세우스에 뱀이 매달려 있음을 발견할 수 있다. 재미있는 것은, 아스클레피오스와 카두세우스가 종교와 주술의 흔적을 털어버린 채 오늘날에도 여전히 의학의 상징으로 쓰이고 있다는 점이다.[01]

아스클레피오스 신전은 그리스 의료에 결코 작지 않은 영향을 미쳤지만, 『전집』 저자들의 생각은 달랐다. 그들이 보기에 질병은 자연적인 원인에 말미암는 것이기 때문이었다. 질병에 대한 초자연적인 설명은 철저하게 배척되어야 했다. 「신성한 질병에 관하여」의 첫 부분을 살펴보자. 대다수 그리스인은 뇌전증 발작을 신성한 질병이라 생각했다. 의식을 잃거나, 거품을 물며 팔다리를 늘어뜨리고, 대소변을 참지 못하는 등 발병의 양상이 너무나도 인상적인 탓이었다. 그러나 이 모든 증상 덕에 뇌전증은 특별한 병이 되었다. 알렉산드로스대왕과 율리우스 카이사르는 뇌전증을 앓았지만, 이는 오히려 비범함을 보여주는 증거가 되었다. 「신성한 질병에 관하여」는 의학의 자연주의를 소리 높여 천명하는 구절로 시작한다. 2000년이 훨씬 지난 오늘날에도 다시 읽어봄 직한 문장이다.

소위 신성한 질병에 대한 내용은 다음과 같다. 내가 보기에 이 질병은 다른 질병들보다 더 신적이거나 신성한 것이 결코 아니며, 다른 질병들이 발생의 기원을 찾는 것과 같이 자연적 기원과 계기적 원인을 가진다. 그런데 사람들은 당황하고 놀라서 그것이 신적인 것이라고 생각했는데, 이는 그것이 다른 질병들과 전혀 닮지 않았기 때문이다. 그들은 한편으로 그 질병에 대해 알지 못하기 때문에 그 신적인 면을 보존하는 반면, 그들이 이용하는 손쉬운 치료 방법으로 인해 그것을 파괴시킨다. 그들은 정화나 주문으로 치료를 하기 때문이다. 그런데 그 질병이 놀라운 것이기 때문에 신적인 것이라고 한다면, 신성한 질병은 하나가 아니라 여럿일 것이다.

'신적이고 신성한 질병'으로서의 뇌전증은 거부된다. 반종교적인 입장은 아니다. 앞에서도 말했듯, 이는 뇌전증에 대한 자연주의적인 설명으로 이해되어야 한다. 계속해서 살펴보자. 저자에 따르면 뇌전증은 뇌의 어딘가가 막혀 점액이 정상적으로 배출되지 못하고, 그로써 뇌의 기능에 이상이 생기는 데에서 비롯한다. 특히 두 가지 지점에 주목할 필요가 있다.

첫째, 저자는 의식을 비롯한 여러 정신의 기능을 뇌에 귀속시킨다.

사람들은 다른 어떤 곳도 아닌, 바로 뇌에서 즐거움과 기쁨, 웃

음과 유희가 생겨난다는 사실을 알아야 한다. 그리고 이곳에서 슬픔과 비애와 불안과 눈물도 생겨난다. 우리는 무엇보다도 뇌를 통해 생각하고 보고 들으며, 흉한 것과 아름다운 것, 나쁜 것과 좋은 것, 유쾌한 것과 불쾌한 것을 구별한다.

뇌가 정신 현상의 중심이라는 사실은 이제 상식에 가깝다. 그러나 고대 그리스 시대에는 그렇지 않았다. 플라톤은 히포크라테스와 마찬가지로 정신 활동이 뇌에서 일어난다고 여겼지만, 플라톤의 제자인 아리스토텔레스는 감정과 같은 정신 기능이 심장에서 비롯한다고 주장했다. 화를 내거나 사랑에 빠질 때 우리는 뇌가 아닌 가슴의 두근거림을, 다시 말해 심장의 박동을 느끼지 않는가. 발생학적인 근거도 있었다. 닭의 발생 과정을 살펴보면, 생명은 심장박동을 통해 가장 먼저 그 모습을 드러낸다. 발생학에 정통했던 아리스토텔레스는 바로 이 사실에 주목했다. 2000년 뒤, 셰익스피어는 이렇게 썼다.

사랑의 환상이 싹트는 곳,
가슴인지 머리인지 말해줘요.

'가슴이 아리다'와 같은 말에서 보이듯, 우리의 언어는 여전히 '가슴', 그러니까 '심장'에 많은 의미를 부여한다. 물론 논쟁의 승자는 히포크라테스와 플라톤이다.

　둘째로 중요한 지점은 점액이다. 오늘날 콧물이 흐르거나 가래가 나오면 으레 감기를 의심하기 마련이지만, 고대 그리스에서 점액이란 그 이상을 의미했다. 예를 들어, 「신성한 질병에 관하여」는 뇌전증의 원인으로 점액의 정체(停滯)를 지목한다. 점액은 건강과 질병을 구성하는 네 가지 체액의 하나였고, 생리학과 병리학의 핵심 개념이었다. 또다른 그리스 의학의 거두였던 갈레노스(Claudios Galenos, 129~210?)는 『전집』 여기저기에 흩어져 있는 이론을 종합하여 체액설을 다시 다듬어냈다. 그리고 이렇게 벼려진 채액설은 갈레노스 의학의 핵심 이론이 되어 18세기까지 의학계를 지배했다.

체액설: 완전무결한 체계

　체액은 피, 황담즙, 흑담즙, 점액으로 분류되며, 도판 2의 도식에서도 보이듯 건강과 질병을 이해하는 강력한 개념 틀을 구성한다. 체액설은 또한 기질 이론의 바탕이 된다. 고대인들은 기질을 통해 각 개인의 성격이 어떠한지, 또 어떤 병에 걸리기 쉬운지 파악하고자 했다. 네 체액은 온, 냉, 건, 습의 성질을 나누어가지며, 이는 병의 경과와 개개인의 생애 주기를 예측하고 해석하는 기준이 된다. 또한 피, 황담즙, 흑담즙, 점액

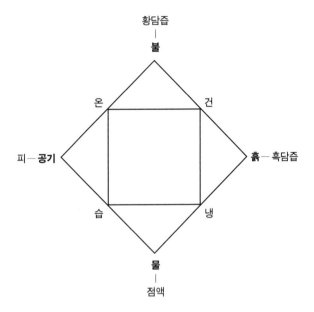

2. 네 가지 체액. 히포크라테스 의학의 특징인 간결성을 쉽게 파악할 수 있다.
   각 체액은 온, 냉, 건, 습의 성질을 나누어갖는다.

은 각각 공기, 불, 흙, 물이라는 네 원소에 연결된다. 고대 그리스의 자연철학에 따르면 우리가 사는 달 아래 세계는 네 원소로 구성된다. 이곳에서 만물은 변화하고, 노화하며, 죽음을 맞이한다. 달 너머 세계는 다르다. 다섯번째 원소로 이루어진 천체의 세상은 완전한 원운동이 이루어지는 완벽한 공간이다. 이 땅에서 살아가는 우리네 몸은 네 원소의 영역에 속한다.

그리스의 체액설은 건강과 질병을 설명하는 가장 강력한 틀이었다. 19세기에 접어들어 과학적 의학이 체액설을 대체하기 전까지, 의사들과 일반 대중은 체액설에 대한 믿음을 저버리지 못했다.

열병에 걸린 이는 홍조를 띠며, 어떤 이는 가래를 뱉거나 피를 토한다. 어떤 환자는 눈물과 콧물을 흘리고, 황달이나 탈수 증세를 호소하는 이의 소변은 어두운 빛을 보인다. 피부는 환자에 따라 싸늘하기도, 축축하기도, 또는 창백하기도 하다. 설사와 구토 역시 환자에게 어딘가 이상이 있음을 의미한다. 고대 그리스의 의사들은 이와 같은 환자의 모습에서 체액의 변화를 읽어내려 했다. 인체 해부를 금지하는 문화 탓에 그들은 해부학에 어두웠다. 얼마 되지 않는 식견조차 동물을 해부하거나 도축 과정을 관찰하여 얻은 간접적인 지식에 지나지 않았다. 그러나 히포크라테스주의자들에게 이는 그리 큰 문제가 아니었다. 해부학에 열심이었던 갈레노스는 오히려 예외적인 사례다.

체액설에 기반을 둔 의학에는 해부학이 필요치 않았다. 장기와 같은 고체가 아니라, 액체인 체액이 중요했기 때문이다. 그러나 장기 또한 나름의 중요성을 가지고 있었다. 먼저 각 종류의 체액은 저마다 하나씩의 장기에 연결되어 있었다. 점액은 뇌에, 피는 심장에, 황담즙은 간에, 그리고 흑담즙은 비장에 해당되었다. 외과 영역에서도 장기는 중요한 주제였다. 『전집』의 일부 저작은 골절이나 탈구된 관절의 정복(整復), 상처의 치료, 간단한 수술 등을 주제로 하며, 체액이 아닌 여러 장기에 초점을 둔다. 예나 지금이나 수술은 신체의 특정 부위에 집중하기 때문이다. 그럼에도 히포크라테스 의학은 전인적이었으며, 체액의 변화를 먼저 살폈다.

체액설은 서양의학에 두 가지 흔적을 남겼다. 균형과 절제이다. 히포크라테스주의자들은 건강이 체액의 균형에 달려 있다고 생각했다. 그들에 따르면 특정 체액이 지나치거나 부패하게 되면 신체는 병에 걸리고 만다. 물론 체액의 불균형을 해소하는 자연적인 방법도 존재한다. 고름이나 땀, 가래, 소변, 구토, 설사와 같은 배출의 기능을 통해, 우리 몸은 스스로 체액의 균형을 회복한다. 『전집』에 자주 등장하는 요리의 비유를 들자면, 오븐과도 같은 인간의 신체는 과도하거나 부패한 체액을 이리저리 처리하여 밖으로 내보내고, 이로써 건강을 되찾는다.

히포크라테스주의자들은 이러한 과정에서 신체의 자연치유력을 읽어냈다. 자연치유력이라는 생각은 오래도록 논란의 대상이었지만 결국 19세기에 '자기국한병'이라는 개념으로 정리되었다. 감기를 예로 들어보자. 대증요법(對症療法), 즉 증상의 완화를 목표로 한 치료는 환자의 기분을 나아지게 할 수는 있어도 병의 원인을 해결하지는 못한다. 원인의 제거는 신체의 몫이다. 모든 의사는 이러한 사실을 잘 알고 있다. 그러나 대증요법은 때로 원인에 대한 치료라고 해석되기도 한다. 인과설정의 오류, 즉 시간적 선후관계를 인과관계로 착각한 결과이다. 많은 임상의학이 이와 같은 논리적 오류에 빠져 있다.

겸손했던 히포크라테스주의자들은, 자연치유력의 개념을 다음의 두 가지 경구로 정리했다. "자연의 힘은 질병을 치유한다", 그리고 "의사는 자연의 치유력을 돕거나, 최소한 해를 끼치지 않아야 한다". 따라서 치료는 환자의 몸이 스스로 '자연스레' 나을 수 있도록 힘을 보태는 데 초점을 두었다. 사실 오늘날의 기준으로 볼 때 몇 가지 치료법은 이상한 점이 없지 않다. 사혈이 그 예이다. 고대 그리스의 의사들은 염증과 열의 원인이 혈액의 과다함에 있다고 생각했다. 해결은 간단했다. 과유불급, 그저 뽑아내면 그만이었다. 사혈은 오래도록 그리고 꾸준히 활용되었다. 19세기 중반까지 사혈은 의사들이 자주 찾는 치료법 가운데 하나였고 의사들은 그 이후로도 사혈을 쉽게 포기하지 못했다. 환자들도 사혈을 좋아했다. 가끔은 의사들이 환자가 기절할 때까지 피를 뽑아대곤 했지만 많은 환자들은 사혈이 몸에 도움이 된다고 생각했다. 이러한 탓에 사혈은 근대 이전의 의학이 저질렀던 극악무도한 만행의 사례로 자주 언급된다. 한 히포크라테스주의자는 이런 경구를 남겼다. "심각한 병에는 강한 치료가 효과적이다." 이 말은 더욱 자극적인 형태로 전해지기도 한다. "위험한 병에는 위험한 치료가 제격이다."

그러나 일반적으로 치료는 식이와 운동, 안마, 그리고 환자가 원하는 치료를 다 함께 적용하는 방향으로 이루어졌다. 의료의 핵심에는 전인성과 개별성이 놓여 있었다. 즉 히포크라테스주의자들은 결코 질병과 환자를 분리하여 이해하지 않았다. 물론 『전집』에는 소모증 혹은 결핵, 뇌졸중, 말라리아, 뇌전증, 히스테리, 이질로 해석될 수 있는 여러 질병이 서술되어 있지만, 이들은 언제까지나 개별 환자에게 일어난 낱낱의 사건으로서 쓰였을 뿐이었다. 체액설에 바탕을 둔 개념틀 속에서 치료법은 개별의 증례에 맞추어 재단되었다. 그리고 이렇게 얻어진 경험은 치료에 대한 일반론인 '임상의 정수(精髓)'로 정리되었다.

환경은 히포크라테스주의자들이 중요하게 생각했던 또다

른 주제이다. 그들은 때로 어떤 질병이 지역사회를 휩쓸어 나이든 사람과 젊은 사람, 남자와 여자, 가진 사람과 가지지 못한 사람, 마른 사람과 살집이 좋은 사람 모두에게 피해를 준다는 사실을 알고 있었다. 이는 성별이나 나이와 같은 요소 이외에도, 무언가 다른 요인이 존재함을 의미했다. 이 주제에 대해서는 질병을 더욱 넓은 차원에서 조망하는 두 편의 저작, 즉 「유행병」과 「공기, 물, 장소에 관하여」를 참고할 수 있다. 특히 「공기, 물, 장소에 관하여」는 건강과 질병의 관점에서 서구 환경 결정론의 토대를 마련했다고 평가된다. 이 책은 환경과 건강에 대한 다양한 주제를 포괄한다. 집터로는 물이 잘 빠지고 쌀쌀한 바람이 불지 않는 곳이 좋다며 이런저런 충고를 건네는 한편, 여러 환경적 요인의 측면에서 지역사회의 건강을 분석하기도 한다. 더 나아가 저작은 19세기 후반까지의 많은 의학 사상과 생물학 사상이 그러했듯 오늘날의 '라마르크주의'에 해당하는 생각을 내놓는다. (물론 이렇게 오늘날의 관점을 투영하여 평가하는 방식은 바람직하지 않다.) 다시 말해, 히포크라테스주의자들은 환경적 요소가 피부의 빛깔이나 몸의 생김새와 같은 여러 특징에 영향을 줄 수 있으며, 이렇게 변화된 특징이 자손에게 전달된다고 믿었다. 섭생을 강조하는 이유도 여기에 있었다. 신체의 유연성을 긍정하는 철학이었다. 마지막으로 또다른 주제인 예후에 대해서 간단히 짚고 넘어가야겠다. 『전집』의 저자들은 많은 경험을 바탕으로, 병이 이미 막바지에 접어들거나 혹은 상태가 위중하여 더는 손을 쓸 수 없는 경우에 대해서도 이런저런 말을 남겼기 때문이다.

히포크라테스주의의 잔향

체액설은 여전히 우리 곁에 존재한다. '다혈질'이나 '멜랑콜리'와 같은 말에는 기질 이론의 흔적이 묻어 있으며, 사람들의 머릿속에는 아직도 체액을 설명하는 온랭건습의 틀이 남아 있다. 지금도 우리는 모자를 쓰지 않고 외출을 한다거나 발이 축축할 때 감기에 걸린다고 생각한다. 더 많은 지식으로 무장한 의사들도 예외는 아니다. 의사들은 감기에 대한 일반인의 시선에 동조하곤 한다. 그것이 환자들이 원하는 바이기도 하고, 그렇기에 진료 시간을 줄여주기도 하며, 한편으로는 의사들 역시 어쩔 수 없는 사람이기 때문이다. 최근 다원주의 의학은 히포크라테스주의의 자연치유력 개념에 기대어, 대중요법에 의문을 던지기도 했다. 기침이나 콧물이 진화의 결과로 만들어진 신체의 자연스러운 방어기제라면, 굳이 약을 써서 기침과 콧물을 멎게 할 필요가 없다는 주장이었다.

히포크라테스 의학의 유산은 갈레노스의 저작을 통해 살아남았다. 그리고 이렇게 전해진 갈레노스의 체계는 1000년이 넘는 세월 동안 서구의 의학을 지배했다. 갈레노스는 자신이 히포크라테스주의를 확장하고 완성했노라고 자부했다. 고대 세계의 여느 의사들과 비교했을 때 갈레노스에 대해서는 비교적 많은 정보가 알려진 편이다. 의학 안팎을 망라한 수많은 글이 전해질 뿐 아니라, 그렇게 내려오는 글 속에 그가 살아온 삶의 편린이 가득하기 때문이다. 갈레노스는 진단과 치료, 섭생, 의학철학 등 의학에 관련된 주제라면 가리지 않고 탐구했다. 그는 히포크라테스주의의 체액설을 정식화하고, 의학에 실험의 측면을 보강했으며, 더 나아가 이론을 주의깊게 탐구했다. 생리학과 해부학을 바탕으로 건강과 질병에 대한 하나의 거대한 체계를 마련하고자 했기 때문이다. 환자를 관찰하는 데 만족했던 히포크라테스주의자들과는 다른 모습이었다. 갈레노스는 자존심이 센 사람이었고 모든 분야에서 자신이 최첨단을 달리고 있다고 생각했다. 그 누구도 감히 갈레노스의 권위에 도전할 수 없었다.

체액설 만으로도 충분히 많은 질병을 설명할 수 있었지만, 갈레노스는 여기에서 만족하지 않고 몸의 정상 기능을 밝히는 복잡한 생리학을 발전시켰다. 체액이 아닌 영기 개념을 활용하는 이 이론에 따르면 음식은 위로 들어가 암죽이 되고, 암죽은 다시 문맥(門脈)을 통해 간으로 들어가 자연 영기로 가득찬 피가 된다. 피는 심장으로 이동하여 일부는 폐로, 또 일부는 보이지 않는 구멍을 통해 우심실에서 좌심실로 이동하며, 여기에서 폐, 보다 근본적으로는 공기에서 전해진 생명 영기와 섞인다. 생명 영기가 그득한 피는 대동맥과 경동맥을 거쳐 뇌에 도착하며, 마지막으로 동물 영기를 부여받는다. 그리고 신경을 통해 운동과 감각을 유발한다.

갈레노스의 생리학 체계는 1000년 이상 복음의 말씀으로 군림했다. 돼지나 원숭이를 해부하여 얻은 지식이었지만 해부학 또한 마찬가지였다. 물론 이를 갈레노스의 잘못이라 할 수는 없다. 그 또한 인체 해부를 금지하는 문화 앞에서는 어쩔 수 없었기 때문이다. 다만 실수가 있다면, 무엇을 해부했는지 정확히 밝히지 않았다는 점이다. 이론과 실제의 괴리 앞에서, 스승의 이론을 철석같이 믿었던 후대의 숭배자들은 세월에 따라 그저 신체의 구조가 바뀌었을 뿐이라고 생각했다. 그러나 어떤 이들은 달랐다. 자신의 눈을 믿었던 의학계의 개혁가들은 이를 빌미로 갈레노스의 이론을 공격했다.

히포크라테스와 갈레노스 사이에 놓인 500년의 시간 동안, 수많은 의사와 수많은 의학 체계가 나타났다 스러졌다. 로마에서 활동하던 일군의 의사들은 환자들에게 안마나 목욕 등을 권장했다. 질병은 사람의 몸에 있는 여러 구멍이 과도하게 긴장한 탓이라 생각했기 때문이다. 이들은 구멍을 이완시키거나 수축시키는 안마와 목욕을 통해 몸에서 병을 몰아낼 수 있

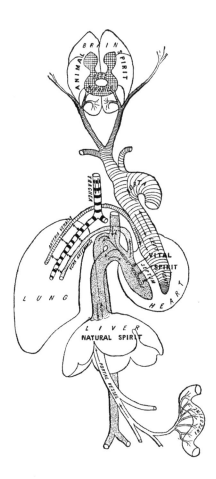

3. 갈레노스의 '생리학 체계'. 갈레노스는 기본적인 생리 현상을 간, 심장, 뇌의
   세 장기와, 각각에 자리잡은 자연 영기, 생명 영기, 동물 영기의 동화(同化)
   및 분배 과정으로 설명한다.

으리라 전망했다. 이처럼 나름의 진단과 치료 방법을 바탕으로 환자를 치료하던 이들도 있었다. 그러나 갈레노스의 독주를 부정할 수는 없다. 히포크라테스가『전집』이후 수백 년의 세월을 지배했다면, 갈레노스는 무려 1000년을 호령했다. 이는 나름의 연구가 필요한 주제일 테니 일단 남겨두자. 그리스가 근대 이전의 의학에 미친 영향은 다음의 세 가지로 정리된다.

하나는 우리가 이미 살펴본 체액설이며, 또다른 하나는 식물에 대한 탐구이다. 질병에 맞서 싸우기 위해 사람들은 오래도록 식물을 이용했다. 그리고 이렇게 마련된 고대의 약전(藥典)은 디오스코리데스(Pedanius Dioscorides, 40?~80?)에 의해 집대성되어 수 세기 동안 유용하게 활용되었다. 그는 선배 의사들이 남긴 여러 저서와 스스로 알게 된 사실을 종합하여 『약물지藥物誌, De Materia Medica』를 썼다. 물론 동물로부터 얻은 약재도 있었지만, 고대에 쓰이던 보통의 약물이 그러하듯 대부분은 아편이나 헬레보레와 같은 식물을 재료로 만들어졌다. 발한제(發汗劑)나 최토제(催吐劑), 수면제, 진통제 등 종류도 각양각색이었다. 문제는 식물의 분포였다. 지역에 따라 서로 다른 식물이 자라는 탓에 일부 약재의 경우에는 구하기가 쉽지 않았다. 의사들은 약재를 찾아 주변의 산과 들을 헤맸고, 서로 필요한 약을 주고받기도 했다. 시간이 흐르며 약물을 수입하고 수출하는 일은 하나의 사업이 되었다. 디오스코리데스의 『약물지』는 갈레노스의 저작에 자주 인용되었고, 그 덕에 르네상스 시기까지 높은 명성을 누릴 수 있었다.

세번째 유산은 질병을 바라보는 세속적 관점이다. 쉽게 설명하기 힘든 주제지만 반드시 짚고 넘어가야겠다. 고대의 치유자들은 질병을 자연의 용어로 이해할 수 있다고 믿었다. 그들이 비종교적이었다는 말은 아니다. 갈레노스는 일신교에 대한 생각을 언뜻언뜻 내비치곤 했고, 후대의 학자들에 따르면 이는 당대에 유행한 기독교의 영향이었다. 하지만 적어도 환자 앞에서, 히포크라테스와 갈레노스는 종교가 아닌 자신의 지식과 기술을 믿었다. 그럼에도 건강과 질병에 대한 종교적이고 주술적인 사고방식은 여전히 우리 곁에 남아 있다. 질병은 때로 종교와 도덕의 틀에서 이해되며, 죄악의 대가로, 형벌로, 혹은 욥이 그러했던 것처럼 시험으로 여겨진다. 왜 저란 말입니까?[02]

그렇다 해도 고대 의학의 핵심이 자연주의에 있다는 사실을 부정할 수는 없다. 의사를 가리키는 영어 단어인 'physician'과 자연학을 의미하는 'physics'는 모두 자연이라는 뜻의 그리스어 단어 'physis'에서 유래했다. 고대의 의학자들은 종교와 주술에 기대기보다는 건강과 질병, 그리고 신체의 작동 원리를 탐구하고자 했고, 이러한 태도는 지금까지도 그대로 이어지고 있다.

제 2 장

도서관 의학

생존의 기적

잠시 생각해보자. 고대에 만들어진 문헌이 지금까지 전해진다는 사실은 어쩌면 기적이 아닐까? 어떻게 우리가 호메로스의 서사시를, 플라톤과 아리스토텔레스의 저술을, 혹은 오늘날의 판형으로도 스무 권에 달하는 갈레노스의 저작을 읽을 수 있단 말인가? 책을 만들기 위해서는 전체를 손으로 베껴 써야 하는 시대였다. 양피지는 귀하고 값비쌌으며, 세월의 풍상과 전쟁, 부식, 부주의가 수고로이 만들어진 필사본의 안위를 위협하기도 했다. 그런 탓에 지금 남아 있는 고대 문헌의 대부분은 후대에 다시 만들어진 필사본이다. 책이 살아남을 확률은 그 가치에 비례했다. 더 많은 사람이 찾는 책일수록 더 많은 필사본이 마련되었기 때문이다. 안타깝게도 책 대다수는 소실되어 전해지지 않는다. 이집트의 알렉산드리아에는 고대 세계 최대의 도서관이 있었다. 장서량은 두루마리와 양피지를 기준으로 수만 편에 달했다. 그러나 도서관은 2세기부터 여러 번의 파괴를 겪었고, 7세기에는 결국 폐허가 되고 말았다.

따라서 우리는 위대한 가문의, 종교 시설의, 궁정의 이름 모를 여러 필경사에게 빚을 진 셈이다. 그들이 아니었다면 2000년이 넘는 세월을 가로지르는 일은 거의 불가능에 가까웠을 테다. 18세기까지 의료는 히포크라테스와 갈레노스를 비롯한 여러 고대 의사들의 저작을 기반으로 했다. 다시 말해, 로마가 함락된 455년부터 르네상스까지의 의학은 고대의 저작을 이해하고 보존하여 주석을 다는 방식으로 이루어졌다. '도서관 의학'이라 불리는 바로 그 유형의 의학이다. 이 장에서 나는 라틴어권의 서방 세계와 그리스어를 비롯한 다양한 언어가 쓰였던 동방 세계를 그리 뚜렷하게 구분하지 않는다. 지리적으로 또 문화적으로 멀리 떨어져 있었지만, 이 시기의 의사들은 하나의 공통점을 공유했기 때문이다. 그리스인의 지혜를 숭앙했던 그들은 언제나 선현의 말씀을 바탕으로 의학을 탐구하고 발전시켰다.

그리스인의 의학적 유산을 보존하고 발전시키는 한편, 이 시기의 사람들은 5세기경 인쇄술을 발명하기도 했다. 도서관 의학은 의료의 구조를 근본부터 바꾸어놓았으며, 우리에게 병원과 의료인의 계서제(階序制), 그리고 엘리트 교육 기관으로서의 대학이라는 세 가지 유산을 물려주었다.

보존과 전달, 그리고 응용

고대 후기의 유럽에서 의료는 고전 고대의 여러 문헌과는 거리가 먼 이들의 몫이었다.[03] 저마다의 지역에서 내려오는 민간요법이나 주술적이고 종교적인 치료 또는 미신에 기댄 방법이 대부분이었고, 지배적인 세계관이던 기독교 역시 이렇다 할 도움이 되지 못했다. 기독교는 병을 앓는 사람들에게 그저 세상의 종말을 기다리라고, 그리고 질병을 더 큰 섭리의 일부로 바라보라고 주문했다. 그날의 세계가 가져다줄 기쁨에 비교하면 질병 따위는 사소한 것에 지나지 않는다는 것이었다. 고전 문헌을 읽을 수 있는 의사는 드물었다.

카일리우스 아우렐리아누스(Caelius Aurelianus, 4세기 혹은 5세기 초반 활동)는 소라누스(Soranus, 1세기 혹은 2세기경 활동)의 저작을 바탕으로 급성질환과 만성질환 모두를 다룬 의서를 출간했다. 카일리우스의 저작은 편두통이나 좌골신경통과 같은 여러 질병과 그에 대한 치료법을 합리적이고 솜씨 있게 정리하고 있으며, 덕분에 기나긴 중세를 견뎌내어 후대에 전해질 수 있었다. 치료는 대개 온건한 방식이었다. 좌골신경통에

내린 카일리우스의 처방 역시 안마와 휴식, 찜질, 그리고 피동 운동 정도였다

다른 책들도 있었다. 갈레노스의 저작 일부와 그의 이름을 빌린 위서, 『히포크라테스 전집』의 「잠언」, 그리고 다른 저작 몇 편이 전해내려왔다. 그러나 의학의 중심은 이미 동쪽에 있었다. 오늘날의 이스탄불, 즉 콘스탄티노폴리스를 수도로 삼았던 비잔티움제국이었다. 고대의 많은 저작이 동쪽으로 유입되었고 동방 세계의 의사들은 이를 보존하여 번역하고 주석을 달았다. 이슬람 세력의 부흥은 비잔티움제국의 쇠락으로 이어졌지만, 의서만 놓고 보았을 때 크게 달라진 점은 없었다. 동방 세계는 여전히 의학의 중심이었고, 고대의 의서를 보존하고 전달하는 핵심적인 역할 또한 그대로였다.

이슬람 문화권에서는 실로 다양한 언어가 사용되었다. 여러 그리스어 저작은 아랍어나 페르시아어, 시리아어 등으로 전해졌다. 번역은 8세기 후반부터 활발하게 진행되어 이후 300년 동안 계속되었다. 중세 이슬람의 의학 전통은 흔히 고대 그리스 의서를 보존하고 전달하는 도관으로 비유된다. 고대 그리스의 의서가 중동의 언어로 번역되고, 이것이 라틴어를 거쳐, 마침내 근대 유럽의 언어로 옮겨졌다는 의미다.

그러나 중세 이슬람 의학은 막간극 이상의 의미를 지닌다. 그리스의 의학을 이슬람의 맥락에 맞게 응용하는 한편,

새로운 관찰이나 약물, 술기(術技) 등을 더하기도 했기 때문이다. 이처럼 그리스의 의학을 종합하고 적절하게 변용시켜 서방 세계로 전달한 대표적인 인물로는 이슬람 의학의 세 거두인 라제스(Rhazes, 865?~925/932) 즉 알라지, 아비센나(Avicenna, 980~1037) 즉 이븐시나, 그리고 아베로에스(Averroës, 1126~1198) 즉 이븐루시드를 들 수 있다. 셋은 또한 다방면에 걸친 관심사로도 유명했다. 오늘날로 따지면 이란에서 활동했던 알라지는 의학뿐 아니라 연금술과 음악, 철학에 대한 글을 남기기도 했다. 물론 의료 활동에도 열심이었다. 알라지의 통찰력 있는 진단은 살아생전 수많은 이들의 존경을 받았다. 그는 처음으로 홍역과 천연두를 구분하고 그 예후를 비교했으며, 여행자들에게 이런저런 의학적 조언을 건네기도 했다.

이븐시나 역시 알라지처럼 의학을 비롯한 여러 분야에 관심을 두었다. 특히 아리스토텔레스의 철학으로부터 강한 영향을 받았으며, 실제로 이븐시나의 의서 곳곳에는 그 흔적이 묻어 있기도 하다. 어렸을 때부터 남다른 모습을 보였던 이븐시나는 모험으로 가득찬 삶을 살며 250여 편의 저술을 남겼다. 그중에서 다섯 권짜리 『의학정전Kitab al-Qanun fi al-Tibb』(이하 『정전』)이 가장 유명하다. 후대인의 꾸준한 관심을 받았던 『정전』은 의학 이론과 치료, 위생뿐 아니라 외과와 약물의 영역 모두를 포괄한다. 갈레노스와 같이 자신의 재능을 숨길 줄 모르는 인물이기는 했지만, 그리스의 의학적 지혜와 이슬람의 경험을 논리정연하게 종합하여 제시한 『정전』만큼은 교과서의 전범에 가까운 책이었고, 그런 탓에 라틴어로 번역된 이후 유럽에서도 오래도록 사용되었다. 오늘날 이슬람의 전통 의학인 유나니 의학을 배우는 이들에게도 『정전』은 필독해야 할 의서이다.

마찬가지로 아리스토텔레스 철학에 정통했던 이븐루시드는 이슬람 시대의 스페인과 모로코에서 활동하였다. 철학과 천문학, 법학에 대해 몇 편의 글을 남겼고, 의학 부문에서는 이븐시나의 『정전』과 비슷한 백과사전류의 저작을 남겼다. 『보편자의 책』 또는 『의학일반Kitab al-Kulyat fi al-Tibb』 등으로 불리는 이 책은 7개의 장으로 구성되어, 해부학으로부터 치료에 이르는 의학의 전반적인 영역을 포괄적으로 다룬다. 갈레노스 의학과 아리스토텔레스 철학을 종합하며, 후에 라틴어로 번역되어 중세 후기의 의사들에게 훌륭한 길잡이가 되었다.[04]

이슬람의 의사들이 고대 의서를 중동의 언어로 번역했다면, 이를 다시 라틴어로 옮기는 작업은 콘스탄티누스 아프리카누스(Constantinus Africanus, 1098년 이전 사망)에 의해 시작되었다. 여러 명의 학자가 번역에 매달렸고, 이렇게 마련된 라틴어 의서는 공식 교육과정의 핵심으로 자리잡았다. 1080년 이탈리아 남부에 설립된 살레르노 의학교를 비롯한 여러 의학교와 그 이후에 설치된 여러 중세 대학의 의학부는 모두 이슬람으로부터 번역된 라틴어 의서를 교과서로 사용했다.

병원, 대학, 의사

병원은 의학의 근대성을 이루는 핵심적인 요소이다. 그러나 그 기원은 모호하다. 무엇을 병원으로 삼을지에 따라 서로 다른 답이 가능하다. 로마인들은 상처를 입거나 병에 걸린 병사들을 거두어 치료하기 위해 발레투디나리아(Valetudinaria)라고 불리는 시설을 설치했다. ('건강염려증 환자'를 의미하는 영어단어 'valetudinarian'과 어원이 같다.) 가장 오래된 건물은 무려 서기 9년에 지어졌다고 한다. 한편 그보다 더 이른 시기에는 병든 노예를 한데 모아두는 기관도 있었다. 침대 등의 여러 집기를 갖추어야 하기에, 설계는 꽤 실용적이었다. 하지만 늘 우리 곁을 지키는 오늘날의 병원과 달리 이러한 시설은 전쟁이나 유행병과 같은 상황에서 일시적으로 설치되었을 뿐이다.

영어에서 '병원'을 가리키는 'hospital'이라는 단어는 각각 환대, 쉼터, 호텔을 뜻하는 'hospitality' 'hostel' 'hotel'과 비슷한 모양이다. 말이 생겨난 근원이 같기 때문이다. 기독교 문화권에서 초창기의 '병원'은 수도회가 운영하는 종교 시설이었다. 가끔은 의료적 처치가 이루어지기도 했지만, 기본적으로는 피난민과 순례자, 그리고 가난한 이들이 머무는 장소였다. 그 덕분인지 근동의 '병원'은 크기와 수에서 서방의 그것을 능가했고, 예루살렘에는 550년경에 이미 200병상 규모의 시설이 있을 정도였다. 한편, 이 시기에 지어진 여러 병원은 오늘날에도 이어져내려오고 있다. 파리의 오텔 디외(Hotel Dieu), 런던의 세인트바살러뮤(St. Bartholomew) 병원, 피렌체의 산타마리아누오바(Santa Maria Nuova) 병원 등은 이름에서도 보이듯 중세의 종교 시설에서 기원했다.[05]

이슬람의 땅에서도 병원은 중요한 시설이었다. 11세기 무렵 병원은 이미 상당한 규모로 성장하였고, 때로는 눈병 환자나 광인을 위한 병동과 같이 독립된 분과를 두기도 했다. 수많은 학생이 의학을 배우기 위해 병원으로 몰려들었다. 이처럼 기독교 세계의 병원과 비교하면 조금은 더 '의학적'인 색이 강했지만, 여전히 오늘날의 병원과는 차이가 있었다. 때로는 자선 시설이기도 했고, 또 유행병이 돌 때는 격리 시설이기도 했기 때문이다. 대상이 되었던 질병은 흑사병과 나병 두 가지였다. 나병 환자를 수용했던 격리 병원은 라자레토(lazarettos)라 불렸는데, 이는 『루가의 복음서』에 등장하는 라자로(Lazarus)에게서 유래한 이름이다.[06] 흑사병이 크게 유행했던 14세기 이후, 라자레토는 주로 흑사병 환자를 격리하는 데 이용되었다. 한편 나병은 잔인함과 사랑의 기묘한 결합이라는 중세 기독교의 모순을 드러내기도 한다. 나병으로 진단받는 순간, 환자는 사회에서 추방되는 동시에 법적으로도 망자에 가까운 취급을 받았다. 배우자가 나병에 걸렸다는 이유 하나만으로도 이혼이 가능할 정도였다. 환자에게는 격리와 구걸의 삶이 강요되었다. 대부분은 라자레토에 수용되었으며, 라자레토 밖으로 나올 때는 의무적으로 딸랑이를 달아야 했다. 사람들에게 '육체와 정신의 오염원'이 다가가고 있음을 알리기 위해서였다. 물론 수사와 수녀를 비롯한 몇몇 사람들은 나병 환자들과 자유롭게 어울리며 헌신적인 삶을 살기도 했다. 이 또한 종교의 힘이었다.[07]

12세기에서 14세기 사이, 유럽 전역에서 나병은 굉장히 흔한 병이었다. 그러나 나병은 잇따른 흑사병의 유행으로 크게 감소하였다. 제한된 공간에서의 공동생활은 유행병에 취약할 수밖에 없는 구조였다. 이에 따라 많은 수의 나병 병원은 흑사병 병원으로 전환되었다. 물론 평생을 앓아야 하는 만성질환인 나병과 달리, 흑사병은 급성질환인데다 일부 회복이 가능하다는 차이가 있었다. 아무튼, 17세기 이후 유럽에서 흑사병이 사라지면서 흑사병 병원, 특히 남부 유럽의 흑사병 병원은 다른 용도의 의료 시설로 전환되었다. 한편, 흑사병이 계속 유행하던 중동에서는 여행자 등을 검역하는 용도로 계속 활용되었다.

4. 고대 의학의 거두. 근대 초기에 만들어진 고전적 화풍의 그림이다. 왼쪽에
   는 아스클레피오스가 뱀이 휘감은 지팡이를 들고 있고, 갈레노스는 그 옆
   에서 해골을 들여다보고 있다.

의학사의 맥락에서 반드시 짚고 넘어가야 할 또다른 기관은 대학이다. 사실 11세기 후반부터 존재했던 살레르노 의학교는 그저 의사를 훈련하는 양성소 정도에 지나지 않았다. 그러나 1180년경 볼로냐 대학을 시작으로 1200년 파리 대학과 옥스퍼드 대학, 1218년경의 살라망카 대학 등 수많은 대학이 지어지면서 상황은 달라졌다. 살레르노에서도 마찬가지였다. 대학은 늘고 늘어 15세기 후반 유럽에는 50여 개의 대학이 존재했다. 대학은 저마다 나름의 체계를 갖추고 있었으나 대부분은 교양학부와 신학부, 법학부, 그리고 의학부를 두었다. 다른 학부와 비교했을 때 의학부는 규모도 작고 졸업생의 수도 미미했지만, 결과적으로 학문으로서의 의학과 대학 교육을 받은 의사가 나타나는 데 주요한 역할을 했다. 이런 의미에서 대학은 '도서관 의학'의 정수가 깃든 곳이었다. 대학에서의 의학 교육은 고전 및 이슬람의 의서를 바탕으로 이루어졌고, 경험이나 실습보다는 학문적인 논쟁을 중심으로 했다.

대학 교육을 받은 의사가 등장하면서 의료인 사이에는 계서가 생겼다. 19세기까지 계속될 질서의 탄생이었다. 많은 돈과 오랜 시간이 필요한 대학 교육을 바탕으로, 의사들은 신사의 지위를 획득했다. (이 때문에 10여 년 전까지만 하더라도 런던의 왕립의사협회 회원은 진료비에 대한 소송을 제기할 수 없었다.) 손을 쓰는 일은 신사가 아닌 계서의 아래에 놓인 외과의와 약재상이 많았다. 대학 교육을 받은 의사가 라틴어를 읽고 갈레노스와 이븐시나를 논하는 동안, 외과의와 약재상은 히포크라테스 시대의 의사가 그러했듯 도제를 통해 선배의 어깨너머로 일을 배웠다.

물론 개중에는 대학 교육을 받거나 학식과 부를 갖춘 외과의와 약재상도 있었다. 경계는 언제나 불분명했고, 시골에서는 의사들이 스스로 약을 짓고 수술을 집도하기도 했다. 오늘날로 따지면 일반의의 역할을 맡은 셈이었다. 그러나 도시의 상황은 달랐다. 직군 간의 구분은 엄격했고, 여러 의사와 대학의 교원이 한데 모여 계서제를 수호했다. 도시의 외과의는 동물을 도축하거나, 빵을 굽거나, 양초를 만드는 이들처럼 길드를 조직했다. 의료 체제가 기틀을 갖추려면 아직 많은 시간이 더 필요했지만, 의료인 사이의 위계만큼은 사람들의 뇌리에 깊게 새겨졌다. 훗날의 일이지만, 견고하던 위계는 의학 지식의 발전과 함께 의사에게 맡겨진 일이 바뀌게 되면서 비로소 무너졌다.

해부학의 발견

갈레노스를 비롯한 그리스와 아랍의 의사들은 인체 내부의 구조와 기능에 대해 많은 글을 남겼다. 그 이후에도 중요한 인물이 갑자기 사망하거나 사망의 원인이 어딘가 석연치 않은 경우, 이따금 해부가 이루어져 인체 내부의 생김새에 대한 이런저런 사실이 밝혀지기도 했다. 그리고 14세기가 되자 몇몇 대학은 공개적으로 인체 해부를 시연했다. 큰 변화였다. 그러나 대개 낮은 신분의 사람이 시신을 열었고, 교수는 멀찍이 떨어져 갈레노스나 다른 권위자의 의서를 천천히 읽어내려갔다. '해부'라 불리던 이 과정은 시신이 천천히 부패하는 겨울에 진행되었다. 장기를 들어내는 차례 역시 부패의 순서에 따랐다. 복부가 먼저, 그다음이 흉부, 그리고 뇌였다. 마지막은 팔과 다리였다.[08]

기록으로 남은 최초의 공개 해부는 해부학자 몬디노 델리우치(Mondino de'Liuzzi, 1270?~1326)의 집도 아래, 1315년 볼로냐에서 진행되었다. 이듬해 델리우치는 최초의 근대 해부학 저술을 발표하기도 했다. 그러나 해부가 보통의 일이 되기 위해서는 한 세기의 시간이 더 필요했다. 해부대에 올라갈 시신을 수급하기가 어려웠을 뿐 아니라, 대부분의 의학 교육이 해부를 백안시했기 때문이다. 그럼에도 시대의 흐름은 해부를 향했다. 15세기부터는 더 많은 해부가 이루어지고 더 많은 연구가 진행되었다. 르네상스의 예술가들은 인체 안팎의 생김새에 관심을 기울였다. 레오나르도 다빈치(1452~1519)의 해부도가 대표적이다. 물론 당시에는 그다지 알려지지 않은 탓에

5. 돼지를 해부하는 갈레노스. 1565년에 출간된 갈레노스의 저작에 실린 그림이다.
   해부의 대상이 돼지라는 점에서 갈레노스 해부학의 뿌리를 엿볼 수 있다. 갈레노스
   를 제외한 그림의 다른 인물들은 해부에 그다지 관심이 없는 듯하지만, 이 그림이
   만들어진 르네상스 시기에 공개 해부는 이미 일상적인 일이었다.

별다른 영향을 주지 못했지만 말이다.

초창기 해부학자 가운데 안드레아스 베살리우스(Andreas Vesalius, 1514~1564)의 이름을 빠뜨릴 수는 없다. 베살리우스는 벨기에에서 태어나 파도바 대학에서 해부학과 외과학을 가르친 인물로, 1543년에는 『인체의 구조에 관하여De humani corporis fabrica』(이하『구조』)를 출간하였다. 본문이 아닌 도판에 중점을 둔 최초의 저작이었다.

베살리우스는 갈레노스의 저작을 눈으로 읽어내려가는 전통적인 방식의 해부학에 만족하지 않았다. 무엇이건 직접 손으로 해보아야 직성이 풀리는 성정 때문이었다. 그리고 그 결과, 그의 마음속에는 갈레노스에 대한 의심이 싹트게 되었다. 물론 갈레노스를 향한 최초의 도전은 아니었다. 그러나 베살리우스는 단순히 문제를 제기하는 데 그치지 않고, 도판을 통해 자신의 주장을 증명하는 데까지 나아갔다. 조심스러웠던 태도는 확신과 함께 점차 대담해졌다. 우심실과 좌심실 사이의 심실중격은 하나의 예였다. 갈레노스의 생리학에 따르면 심실중격에는 작은 통로가 있어야 했지만, 실제로 그러한 구조물은 발견되지 않았다. 인간의 간이 네다섯 개의 엽으로 이루어져 있다는 갈레노스의 설명 또한 사실과 달랐다. 베살리우스는 흉골과 자궁을 비롯한 다양한 장기의 해부학적 구조를 처음으로 정확하게 기술하였다.[09]

DVODECIMA SEPTIMI LIBRI
FIGVRA.

DVODECIMAE FIGVRAE, EIVSDEM'QVE CHA-
racterum Index.

6. 뇌를 그린 도판. 1543년에 출간된 베살리우스의 『인체의 구조에 관하여』에는 여러 도판이 실려 있다. 근육에 대한 묘사가 가장 유명하지만, 그 외에도 인체의 다양한 부분들이 상세하게 그리고 극적으로 묘사되어 있다.

우리는 해부학의 역사를 베살리우스 이전과 베살리우스 이후로 나눈다. 이러한 평가는 과도한 면이 없지 않다. 베살리우스는 『구조』를 출간한 뒤, 곧바로 파도바를 떠나 스페인의 궁정으로 향했기 때문이다. 그럼에도 16세기 중반을 지나며, 해부학 혁명은 순풍에 돛을 단 듯 순조롭게 진행되었다. 고대인에 대한 믿음은 점차 사그라들었고, 자신의 경험에 대한 신뢰가 그 자리를 대신했다.

이후 300년의 시간 동안, 해부학은 의학의 꽃이었다. 인쇄술이 가져다준 사회적, 지적 변화도 여기에 일조했다. 독일의 장인 요하네스 구텐베르크(1400?~1468)는 1439년경 활판인쇄술을 유럽에 소개했다. (중국에서는 이미 쓰이던 기술이었다.) 여파는 상당했다. 인간 삶의 모든 면에 변화가 일어날 정도였다. '초기 간행본', 즉 1501년 이전에 활판인쇄된 도서 목록에는 성경과 신학 서적, 고대인의 저작과 그 번역본이 가득했지만, 의학 서적도 당당히 자리를 차지하고 있었다. 이제 책은 대량생산이 가능한 물품이 되었다. 대학교수가 아닌 평범한 의사들도, 한두 권의 책쯤은 책꽂이에 둘 수 있는 시대였다.

도판은 목판인쇄가 가져온 또다른 변화였다. 사람들은 이제 인체에 대한 설명을 읽는 동시에 인쇄된 해부도를 참고할 수 있었다. 이전에도 도판이 담긴 해부학서가 없지는 않았지만, 베살리우스의 『구조』는 해부학적 엄밀성과 예술성을 결합한

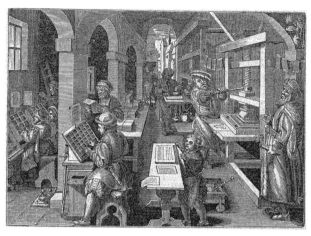

7. 인쇄기를 다루는 사람. 1580년에 스트라다누스(Stradanus)가 만든 판화다. 활판
을 짜고, 잉크를 채우고, 인쇄를 하고, 검독을 하는 제책의 여러 과정을 보여준다.

하나의 전범과도 같았다. 이어지는 수 세기 동안 해부학서는 근대 초기 의학의 깊은 역설을 뚜렷하게 드러내 보였다. 먼저, 해부학은 혐오의 대상이었다. 해부학에는 도덕적 타락과 역겨움, 잔혹함이라는 심상이 덧씌워졌다. 시신을 수급하기 위한 암거래가 성행했고, 때로는 묘지를 파헤치거나 사람을 죽이는 일까지 일어났다. 냄새도 문제였다. 보존 처리 방법이 아직 마련되지 않은 탓에 악취가 코를 찔렀다. 오늘날에도 의대생의 옷과 몸에는 폼알데하이드 특유의 냄새가 배어 있다.

그러나 해부학에 대한 인상이 혐오로 점철된 것은 아니었다. 의대생이 보는 조악하고 저렴한 교과서도 있었지만, 한편에서는 정교하고 아름다운 도해가 실린 값비싼 책이 만들어졌다. 예술과 과학, 그리고 지식과 표현이 결합된 결과였다. 해부는 점차 일반적인 일이 되었다. 의사가 아닌 의사를 지망하는 이들까지 해부에 참여할 정도였다. 신사의 겉치레 역시 호기심 앞에 결국 무릎을 꿇었다. 근대 초기 해부학의 위대한 인물 가운데는 가브리엘레 팔로피오(Gabriele Fallopio, 1532~1562), 파브리치우스 아브 아쿠아펜덴테(Fabricius ab Acquapendente, 1533~1619), 프레데리크 루이쉬(Frederik Ruysch, 1638~1731), 윌리엄 체셀든(William Cheselden, 1688~1752), 윌리엄 헌터(William Hunter, 1718~1783)처럼 외과나 산부인과에 종사하던 이가 많았지만, 그렇지 않은 인물도 있었다. 호기심을 위해 기꺼이 손을 사용했던 그의 이름은 바로 윌리엄 하비(William Harvey, 1578~1657)로, 혈액의 순환을 밝힌 위대한 저작『동물의 심장과 혈액의 운동에 대한 해부학적 연구Exercitatio Anatomica de Motu Cordis et Sanguinis in Animalibus』로 유명하다.

당대 의료의 수준을 고려해볼 때, 의사들은 치료보다는 외려 해부학에 골몰한 듯하다. 세세한 이론보다는 손으로 만질 수 있는 해부학적 구조가 좀더 이해하기 쉬웠던 탓이다. 또한, 해부학은 발전의 정도가 쉽게 파악되는 분야이기도 했다. 해부학이란 유미관, 정맥판막, 윌리스 고리와 같은 새로운 구조를 하나씩 발견할 때마다 딱 그만큼씩 더 발전하는 학문이었다. (윌리스 고리는 서로 연결된 뇌 기저면의 동맥혈관을 지시하는 말이다. 발견자 토머스 윌리스(Thomas Willis, 1621~1675)의 이름을 따 지어졌다.) 17세기 초반이 되자, 갈레노스를 따르는 해부학자는 드물었다. 근대인은 고대인의 지식과 지혜를 넘어섰을까? 이른바 '책들의 전쟁'에서 해부학은 근대인이 수월하게 승리를 거둔 한 분야였다.[10]

화학과 물리학, 그리고 의학

자신의 눈을 믿으라는 해방의 메세지는 자연철학뿐 아니라 의학에도 큰 영향을 주었다. 르네상스와 함께 일어난 과학혁명으로 천문학과 우주론, 물리학, 그리고 의학 등이 변화하였고, 다시 화학과 물리학은 의학의 모습을 크게 바꾸어놓았다.

화학을 의학에 적용하려는 움직임은 스위스의 괴짜 천재 파라셀수스(Paracelsus, 1493?~1541)에게서 비롯하였다. 사실 파라셀수스는 남들에게 알려진 이름이고, 진짜 이름은 따로 있었다. 테오프라스투스 필리푸스 아우레올루스 봄바스투스 폰 호엔하임(Theophrastus Philippus Aureolus Bombastus von Hohenheim)이라는 부르기도 버거운 이름이었다. 원래 이름을 두고 굳이 별명을 쓴 이유는 어디에 있었을까? 일설에 따르면 로마의 유명한 의학자 '켈수스(Aulus Cornelius Celsus, 서기전 25?~서기 50?)를 뛰어넘겠다'는 의도로 자신을 파라셀수스라 불렀다는데, 진위는 불분명하다. 그러나 이 이야기는 파라셀수스의 중요한 특징 하나를 보여준다. 의학과 과학이 근대인에 의해 다시 쓰여야 한다고 생각했다는 점이다. 파라셀수스는 히포크라테스나 갈레노스에게 기대지 않았다. 바젤 대학 의학부에 재직하던 짧은 기간에는 저항의 뜻으로 갈레노스의 의서를 사람들 앞에서 불살라버리기도 했다. 프로테스탄트주의로 전향하지는 않은 것으로 보이지만, 마르틴 루터의 개혁에 어떤 영향을 받은 듯하다. 파라셀수스는 배움이란 책이 아닌 자연에 있다고 말했다. 정작 자신은 살아생전 수많은 책을 저술하여 발표했지만 말이다. 아마 그의 저술 속에는 선조의 책에서는 발견될 수 없는 어떤 진리가 있었나보다.

두번째 특징은 화학에 대한 강조다. 그는 화학을 통해 인체가 작동하는 방식을 알아내고, 약을 지으려 했다. 전통적인 식물성 약재뿐 아니라, 수은이나 비소와 같은 금속 물질도 약의 재료가 될 수 있었다. 이러한 가르침은 그를 따르는 의화학자 무리에게 그대로 이어졌다. 파라셀수스는 종종 세균 이론의 선구자로 해석되기도 한다. 질병을 몸 바깥의 무엇이라 해석했기 때문이다. 그러나 이는 잘못된 생각이다. 파라셀수스는 자연을 신비주의와 연금술을 통해 이해하려 했을 뿐이다. 살아 있을 때도, 그리고 세상을 떠난 이후에도 끝없는 논란을 불러일으켰던 이 기인(奇人)에 대해서는 이 밖에도 생각할 거리가 많다. 아무튼, 파라셀수스가 세상을 떠난 뒤에도 많은 사람이 그를 따랐다. 100여 년이 넘는 세월이었다. 그리고 이들은 화학의 언어로 의학의 이론과 실제를 다시 쓰려 했다.

시간이 조금 지나고, 이번에는 물리학이었다. 천문학과 물리학의 승리에 심취한 의물리학자 무리는 신체를 정교한 기계장치로 보았다. 의화학자들이 화학적으로 해석한 소화 과정에 대해, 의물리학자들은 소화란 음식을 잘게 갈고 빻는 기계적인 과정이라는 대답을 내놓았다. 그들은 근육의 수축으로 발생하는 힘의 크기를 계산하고, 인체의 생리적 과정을 수학으로 표현하려 했다. 의물리학자들의 영웅은 갈릴레오 갈릴레

이와 아이작 뉴턴이었다. 아리스토텔레스의 우주관을 거부하고, 그 자리에 측정 가능한 물체와 힘이라는 역학의 세계관을 가져다놓았기 때문이다. 뉴턴의 중력 개념이 우주의 구석구석을 설명할 수 있다면, 의학에도 그런 원리가 있지 않을까? 18세기 의학의 목표가 바로 여기에 있었다.

의학과 과학의 새로운 방법론은 열광의 시대로 이어졌다. 이론이 쏟아졌고, 낙관론이 팽배했다. 건강과 질병은 이제 다른 방식으로 이해되었다. 그러나 실제 치료는 그다지 변하지 않았다. 물론 한편에서는 파라셀수스와 그를 따르던 의사들이 새로운 화학물질을 약으로 쓰기도 했다. 특히 수은이 중요했다. 1490년대에 들어서면서 나폴리를 기점으로 매독이 만연했던 탓이다. 크리스토퍼 콜럼버스와 함께 신대륙을 탐험한 스페인 용병이 다녀간 뒤의 일이었다. 이처럼 매독은 콜럼버스와 함께 유럽에 유입되었을 가능성이 크다. 물론 역사가들 사이에 완전한 합의가 이루어진 결론은 아니다. 그러나 1500년을 전후로 발병력이나 확산 속도의 면에서 완전히 새로운 질병이 나타났다는 사실만큼은 여전하다. 매독 환자가 보이는 발진 증상에는 피부병의 표준 치료제였던 수은이 사용되었다. 침이 지나치게 분비된다거나 이가 빠지는 등의 부작용이 있었지만, 약효가 없지는 않았다. 문제는 냄새였다. 수은을 먹는 사람들의 숨에서는 쇳내가 났고, 그런 탓에 누가 수은을 먹는지 아닌지 바로 알 수 있었다. 성행위로 옮긴다는 사실이 이미 어느 정도 알려진 시절이었다. 그리고 이때 새로운 약이 등장하며 곤경에 빠진 교황과 예술가, 의사들을 구해주었다. 남아메리카에서 수입된 유창목 껍질이었다. 여유 있는 이들은 수은 대신 유창목 껍질을 먹었다. 또한 유창목 껍질의 수입은 매독이 신대륙에서 유래했다는 믿음을 뒷받침하는 증거로 여겨졌다. 신의 섭리에 따라 질병과 약은 언제나 같은 곳에 존재한다고 믿었기 때문이다. 유창목 껍질이 신대륙에서 왔다면 매독 역시 그러해야 했다.[11]

새로운 질병이 발견되고 새로운 치료법이 도입되었지만, 변화는 크지 않았다. 히포크라테스가 살아 돌아온들 그다지 놀랍지 않을 정도였다. 사혈이나 먹을 것을 토하게 하는 토제(吐劑), 설사가 나게 하는 하제(下劑) 등 체액설에 기반을 둔 치료가 여전히 활발하게 이루어졌다. 갈레노스의 별은 시들해졌지만, 히포크라테스의 별은 여전히 밝게 빛났다. 마침 히포크라테스가 언급되었으니, '잉글랜드의 히포크라테스'라 불렸던 토머스 시드넘(Thomas Sydenham, 1624~1689)에 대해 이야기해야겠다. 17세기의 의사지만 여전히 존경받는 인물이다. 시드넘에 따르면 의학은 마땅히 경험에 바탕을 두어야 했다. 의학의 아버지 히포크라테스 역시 임상에서의 주의깊은 관찰을 강조한 바 있었다. 이러한 믿음을 바탕으로 시드넘은 통풍과

8. 1646년의 판화. 의사와 외과의의 사회적 위치와 역할을 보여준다. 그림 왼쪽에는 잘 차려입은 의사가 환자에게 약을 건네고 있다. 오른쪽에는 거친 옷을 입은 외과의가 의사의 감독 아래 환자의 다리를 자르고 있다.

히스테리, 천연두에 대한 상세한 설명을 남겼다. 그림도 함께였다. 진단뿐만이 아니었다. 치료 역시 경험에 근거하여 진행되었다. 시드넘은 자신이 겪은 바에 따라, 간헐열 환자에게 신대륙에서 들어온 새로운 약재인 기나피를 처방했다.[12]

기나피는 시드넘의 질병관을 뿌리부터 흔들어놓았다. 여전히 히포크라테스 의학의 체액설에 익숙했던 시드넘이었지만, 기나피와 간헐열의 관계는 어딘가 달랐다. 환자와 질병의 개별성을 주장하는 히포크라테스의 이론과 달리, 기나피는 간헐열 환자 모두에게 효험을 보였다. 시드넘은 이러한 경험을 통해 식물학자들이 식물을 분류하듯 질병 역시 종류에 따라 구분될 수 있다고 생각했다. 환자가 보이는 증상의 차이는 외려 우연의 결과일 뿐이었다. 제비꽃도 저마다 조금씩은 다른 모습이지 않은가. 시드넘은 이렇게 썼다.

자연은 질병을 만들어냄에 있어 한결같고 일관되다. 그러하기에 서로 다른 사람이라 하더라도 같은 질병이라면 증상은 크게 다르지 않다. 다시 말해, 소크라테스에게서 관찰할 수 있는 증상을 얼간이에게서도 똑같이 볼 수 있다는 뜻이다.

사고의 전환이 일어나는 순간이었다. 후대의 의사들은 시드넘을 따라 질병을 분류했다. 질병은 환자로부터 분리되어 탐

구되었고, 각 질병에 공통된 요소를 조망함으로써 치료를 합
리화하려는 시도가 진행되었다. 그러나 아이러니하게도 시드
넘은 언제까지나 자신이 히포크라테스의 충직한 추종자라고
생각했다. 그의 생각이 어떠하건 간에, 시드넘은 근대 의학에
하나의 딜레마를 던져주었다. 과학에 기반을 둔 일반화된 지
식을 개별의 환자에게 어떻게 적용할 것인가?

계몽된 의학?

시드넘은 사후에도 좋은 평판을 누렸다. 시드넘의 저작은
국제어의 지위를 내려놓지 않았던 라틴어로 쓰였지만, 곧 영
어와 프랑스어, 독일어, 스페인어 등으로 번역되었다. 일설에
따르면 18세기의 저명한 의학자 헤르만 부르하버(Hermann
Boerhaave, 1668~1738)는 강의 도중 시드넘의 이름이 나올 때
마다 모자를 들어 경의를 표했다고 한다. 부르하버는 40년이
넘는 세월 동안 레이던 대학교를 벗어나지 않았지만, 에든버
러, 빈, 괴팅겐, 제네바 등의 의학 교육에 큰 영향을 미쳤다. 그
의 강의를 듣기 위해 유럽 전역에서 많은 학생이 몰려들었던
탓이다.

부르하버는 지적 절충주의자였고, 화학과 물리학, 식물학
등 여러 분야에서 아이디어를 빌려왔다. 또한 그는 방대한 상

식과 통찰력 있는 진단으로도 이름이 높았다. 부르하버의 강의실은 언제나 만원이었고, 진료를 기다리는 사람도 장사진을 이루었다. 상담은 우편을 통해서도 진행되었는데, 고객 중에는 환자뿐 아니라 부르하버에게 고견을 얻기 위한 의사들도 있었다. 한편, 부르하버는 화학, 약물학, 의학에 대한 교과서는 물론, 해부학과 식물학, 성병을 다룬 다양한 저작을 남기기도 했다. 그의 영향은 몇 세대 동안 계속되었다. 사실 그의 강점은 무언가를 새로 발견하는 데 있기보다는, 기존에 알려진 바를 종합하는 데 있었다. 식물과 자연을 향한 열광, 그리고 지난 세기의 발전에 대한 확신에도, 부르하버는 끝없이 과거를 돌아보았다. 여전히 도서관 의학의 자장 속에 있던 그에게, 히포크라테스는 아직 살아 있는 인물이었다.

　부르하버의 학생 중에는 18세기의 저명한 박물학자 카를 폰 린네(Carl von Linné, 1707~1778)가 있었다. 린네는 종과 속에 따른 생물 분류법인 이명법(二名法)을 도입함으로써 분류학을 최첨단의 과학으로 고양했다.[13] 자연계, 특히 식물계를 분류하는 데 평생을 바친 그는 자신을 두번째 아담이라 여겼다. 첫번째 아담이 에덴동산에서 동물과 식물에 이름을 붙였다면, 린네는 교편을 잡았던 웁살라에서 같은 작업을 진행했다. 린네의 학생들은 세계 이곳저곳을 탐험하며 표본을 수집했다. 그리고 린네는 살아 돌아온 학생들이 가져다 준 표본을

HERMANNI BOERHAAVE
SERMO ACADEMICUS
DE COMPARANDO CERTO
IN PHYSICIS.

LUGDUNI BATAVORUM,
Apud PETRUM VANDER Aa, Bibliopolam.
MDCCXV.

9. 헤르만 부르하버의 강의 모습. 당대 최고의 명성을 누리던 헤르만 부르하버는 많은
수의 의사를 길러냈다. 그러나 짐작건대, 그림에서 보이는 정도로 많은 수의 청중을
상대하지는 않았다.

이리저리 분류했다. 식물뿐이 아니었다. 질병 역시 린네의 탐구 대상이었다. 그러나 그의 질병 분류법은 이렇다 할 영향을 미치지 못했다. 그보다는 몽펠리에의 프랑수아 부아시에 드 소바주(François Boissier de Sauvages de Lacroix, 1706~1767), 에든버러의 윌리엄 컬런(William Cullen, 1710~1790), 그리고 시인, 식물학자, 발명가이자 리치필드 인근에서 활동하던 의사였던 에라스무스 다윈(Erasmus Darwin, 1731~1802)의 분류법이 더 유명했다. 이들 분류에는 몇 가지 공통점이 있었다. 하나는 상상할 수 없을 정도로 많은 품이 든다는 점이었고, 또하나는 징후나 원인이 아닌 증상에 기반을 둔다는 점이었다. 이를테면 열은 그 자체로 하나의 병이라 여겨졌다. 통증 역시 마찬가지였다. 당대의 분류표는 특징과 강도, 부위에 따라 통증을 자세하게 나누었다.

질병의 지도를 그리는 일은 계몽주의 의학의 중요한 단면을 보여준다. 질병은 환자의 증상에 따라 분류되었고, 진단이 이루어질 때도 의사는 환자의 말에 의존할 수밖에 없었다. 따라서 계몽주의 의학은 환자를 중심에 둔다는 점에서 히포크라테스 의학의 전통을 계승했다. 역사가들은 이를 두고 환자가 우위에 있었던 상황이라 평가한다. 물론 이는 과장일 수도 있다. 19세기와 그 이후의 의학 역시도 의사에 의해 지배된다고 말할 수는 없는 노릇 아닌가. 그럼에도 근대의 여러 진단 기술이 개발되기 전까지, 환자들은 진단 과정에서 배제되지 않았다. 오늘날의 환자들은 아무런 예고도 없이 혈압과 혈당이 높다는, 혹은 흉부 영상에서 의심스러운 음영이 보인다는 소식을 듣곤 한다. 앙시앵레짐 시기, 환자와 의사는 같은 언어와 같은 개념을 공유했다. 의사와 환자의 단어 꾸러미는 그리 다르지 않았다.

계몽주의 의료의 특징을 두 가지 더 짚고 넘어가자. 먼저 강한 기업가 정신이다. 건강은 중요했고, 사람들은 건강을 위해 기꺼이 주머니를 열었다. 야망이 있거나 정직하지 못한 의사들이 자신의 자리를 찾아 두리번거렸다. 사실 '돌팔이'와 '정식 의료인'을 구분하기란 쉬운 일이 아니다. '돌팔이'라 해서 반드시 동시대 의료 문화의 틀을 벗어나는 것이 아니고, '정식 의료인' 역시 치료제를 광고하고, 자신만의 비방(祕方)을 사용하며, 환자의 관심을 끌기 위해 의도적으로 입소문을 흘리기도 하는 탓이다. 돌팔이들은 질병의 원인과 치료에 대해 나름의 체계를 가지고 있으면서도, 언제나 주류의 언어를 사용했다. 히포크라테스나 갈레노스를 들먹이는 일도 많았다. 다만 파라셀수스는 예외였다. 이론뿐 아니라 의학의 전통을 싸잡아 거부했기 때문이다. 파라셀수스는 정말이지 반역사적이었다. 돌팔이 대부분은 익숙하고 전통적인 것을 교묘하게 활용하여 자신의 능력을 포장했다.

　계몽주의 의료의 두번째 특징은 분주한 낙관론이다. 수많은 기획이 설계되고, 수많은 시설이 설치되던 시기였다. 곳곳에 병원이 들어섰고, 군진(軍陣)의료를 개혁하기 위한 시도가 이어졌으며, 의료를 제공하는 자선사업은 일상이 되었다. 그 누구도 진보의 관념에 의문을 품지 않았다. 의사와 환자들은 내일의 의학이 오늘과 어제의 그것보다 더 나으리라 믿었다. 그러나 히포크라테스와 시드넘은 여전히 존경의 대상이었다. 단순히 영감을 얻기 위함이 아니었다. 지식과 경험을 얻기 위해서였다. 부르하버와 컬런에게 의학의 역사는 골동품 애호가의 취미가 아닌, 살아 있는 지혜의 보고였다. 하지만 시간이 흐르며 상황은 달라졌다. 19세기를 거치며 과거의 의사들은 역사 속으로 스러졌고, 새로운 세대의 눈은 과거가 아닌 미래를 향했다.

제 3 장

병원 의학

프랑스 만세!

의학사의 맥락에서 '병원 의학'이라는 말은 하나의 고유명 사처럼 쓰인다. 물론 병원의 등장은 중세 초기의 일이고, 의료 의 역사는 더욱더 장구하다. 그럼에도 우리는 1789년과 1848 년 사이의 프랑스, 특히 파리의 의학을 '병원 의학'으로 요약 하곤 한다. 당대의 파리는 그야말로 의학의 메카였으며, 그 중 심에는 다름아닌 병원이 놓여 있었기 때문이다. 파리의 병원 에서 교육과 진료에 사용되던 여러 도구, 그리고 그를 뒷받침 하던 의학적 사고방식은 서구 세계 전반을 사로잡았다.

이 시기의 일은 때로 '의학 혁명'이라 일컬어진다. 그 기원 이 정치적 혁명에 있으니 썩 알맞은 표현이다. 일각에는 이를 '혁명'이 아닌 '진화'로 보는 것이 더 적절하다는 견해도 있다.

교육 체계나 의료 행위, 의사와 환자의 관계 등을 살펴보았을 때, '병원 의학'의 선례가 적지 않은 까닭이다. 그러나 1840년 대의 의사들은 선배들에게서는 볼 수 없는 새로운 종류의 확신으로 가득차 있었고, 이는 분명 파리 의학의 영향이었다.

여느 혁명과 마찬가지로, 파리의 의학 혁명은 사소한 지점으로부터 시작하여 가늠할 수 없는 방향으로 흘러갔다. 정치와 군을 장악한 혁명 세력은 의사와 외과의, 병원, 그리고 대학 등을 앙시앵레짐의 유산이라 규정하고 곧 폐지해버렸다. 이와 함께 의료인의 자격을 규정하던 여러 조건 역시 사라졌다. 혁명의 지도부가 보기에 계서제와 불평등의 폐지는 곧 특권과 부패의 일소를 의미했다. 폭풍과도 같던 1790년대 초반, 원한다면 그 누구든 곧바로 의료인이 될 수 있었다.

그러나 낙관은 그리 오래가지 않았다. 질병은 사라지지 않았고, 혁명정부는 곧 군인과 선원에게 의사가 필요하다는 사실을 깨닫게 되었다. 군대는 또한 내과뿐 아니라 외과에도 능한 의사를 요구했다. 내과와 외과를 구분하는 오랜 이분법은 전장에 어울리지 않았다. 결국 1794년에 세 개의 의학교가 다시 문을 열었다. 새로운 공화국에서 복무할 군의관을 양성하기 위함이었다.

시대상에 걸맞은 새로운 의학의 청사진을 그리기 위해, 국민의회는 의사이자 화학자인 앙투안 푸르크루아(Antoine-

François Fourcroy, 1755~1809)를 발탁했다. 혁명에 동조적이었던 그는 이미 화학자로 이름이 높았고, 곧 만들어질 파리의 새로운 의학교에서도 화학을 가르칠 것이었다. 기민한 정치적 감각과 진실한 인품을 바탕으로, 그는 파리와 스트라스부르, 몽펠리에의 의학교 설계를 책임졌다. 군사적 필요성에 방점을 둔 그의 보고서는 새로운 의학 교육이 갖추어야 할 특징으로 다음의 세 가지를 제시하였다. 먼저 그것은 무엇보다 실용적이어야 했다. 그의 말을 빌리자면 학생은 '적게 읽고, 많이 보고, 많이 해보아야' 했다. 이론의 폐기와 실습의 강조는 누구도 부정할 수 없는 시대정신이었다. 두번째로 새로운 의학 교육은 병원에서 이루어져야 했다. 경험의 양과 질이라는 면에서, 병원에 비견할 곳은 그 어디에도 없었다. 마지막으로 의학도는 내과와 외과 모두를 배워야 했다. 이는 외과적 사고의 적극적 수용을 의미했다. 전통적으로 의사가 신체 전반과 체액, 영혼, 그리고 질병의 총체적인 의미에 관심을 기울였다면, 외과의는 언제나 국부적인 문제와 씨름했다. 그들은 농양이나 골절과 같이 특정 부위에 한정된 질병을 다루었다. 이로써 질병에 기인한 병리적 변화를 의미하는 '병변'이라는 개념이 의학적 중요성을 획득하게 되었다. 의사들은 외과적으로 사고하는 법을 배웠고, 신체의 각 장기가 새로운 의학의 대상으로 떠올랐다.

10. 파리 오텔 디외 병원의 거대한 외관. 19세기 초의 의학 혁명을 보여준다. 그림 왼쪽의 두 사람은 관을 운구하고 있고, 마차는 시신을 싣고 장례식에 가기 위해 건물 앞에서 기다리고 있다.

프랑스의 병원 의학은 세 대들보 위에 세워졌다. 신체검사에 기초한 진단, 병리학과 임상의 연계, 그리고 수많은 사례에 바탕을 둔 진단 기준과 치료법의 정당화였다. 따로 떼어놓고 보면 하등 새로울 것이 없었던 이 세 요소는, 한데 모여 질병을 바라보는 새로운 관점을 구성해냈다.

그리고 많은 변화 속에서도 이는 병원의 중요성과 함께 여전히 의학의 핵심으로 남아 있다.

신체검사: 새로운 종류의 '친밀함'

의사와 환자의 만남은 특유의 예절과 친밀함을 전제한다. 의사는 환자에게 옷을 벗으라고 할 수도 있고, 배우자나 애인에게만 허락된 부위에 손을 댈 수도, 또 불편함을 줄 수도 있기 때문이다. 그래서일까, 이러한 행동이 환자를 위한 당연한 과정으로 여겨지는 데에는 200년 정도의 시간이 필요했다. 시작은 19세기 초반 파리의 병원이었다. 다시 세워진 의학교에서 의사들은 체계적인 방식의 신체검사를 개발하고 가르쳤다.

19세기 후반까지만 해도 의사는 으레 남자였지만, 이전에도 의사들은 벌거벗은 환자를 진료하곤 했다. 질경(膣鏡)은 로마 시대부터 사용되었고, 의사들은 때때로 방광결석이나 치루를 수술하고, 생식기를 치료하거나 분만을 맡기도 했다. 그렇지만 맥을 짚는다거나 눈으로 혀를 살피는 정도의 일을 제외한 대부분의 경우, 의사는 환자의 몸에 손을 대지 않았다. 소변이나 대변과 같은 배설물을 검사할 때에도 검체 만을 따로 관찰했을 뿐 직접 환자를 마주하지는 않았다.

의사와 환자의 관계는 앞서 이야기한 바와 같이 19세기 초반 파리의 병원에서 변화하기 시작했다. 병원에 오는 이들은 대개 가난하고 배우지 못한 사람들이었고, 그런 탓에 자신의 처우에 대해 무어라 말할 수 있는 처지가 아니었다. 더 나아가 새로운 의학은 의사에게 환자가 말하는 '증상'이 아닌 질병의 '징후'를 살피라 주문했다. 통증이나 피로와 같은 '증상'이 환자 자신의 주관적인 이야기라면, 근육 쇠약이나 농양과 같은 '징후'는 누구나 볼 수 있는 객관적인 현상이었다. 프랑스의 병원 의학을 이끌던 이들은 의학을 징후와 병변의 객관성 위에 올려놓으려 했다.

신체검사는 이와 같은 노력의 핵심에 있었다. 시진(視診), 촉진(觸診), 타진(打診), 그리고 청진(聽診)으로 구성되는 신체검사는 오늘날에도 여전히 교육된다. 사실 이 역시 그 근원을 따져보면 히포크라테스 학파 시절로 거슬러올라갈 수 있다. 그러나 프랑스의 의사들은 이들을 하나로 묶어 체계화하고, 일상적인 것으로 만들었으며, 이로써 의사와 환자의 관계를 근본적으로 바꾸어놓았다.

가장 기본이 되는 것은 환자를 눈으로 관찰하는 시진이다. 누구나 한 번쯤은 '혀를 내밀어보세요'와 같은 말을 들어보았을 테다. 백태가 낀 혀는 열병이나 급성질환의 실마리로 여겨졌으며, 흰자위에 도는 노란빛은 황달을, 그리고 홍조는 열병이나 결핵 말기의 '소모열', 또는 통풍에 동반된 다혈증을 시사하는 단서라 간주되었다. 의사들은 창백한 얼굴에 도는 초록빛으로부터 위황병을 읽어내기도 했다. (이제는 없는 병이다. 위황병은 20세기 초반에 히스테리와 함께 사라져버렸다.) 그러나 대부분의 경우 시진은 얼굴이나 손과 같은 신체의 '공개된' 부위에 한정되었다. 의사가 다른 부위를 진찰하기 위해서는 적절한 이유가 필요했고, 이러한 일은 대개 대학 교육을 받은 의사보다는 외과의의 몫이었다.

직접적인 접촉을 동반하는 촉진 또한 신체검사의 일부가 되었다. 멍울이나 부어오른 장기는 눈에 보일 때도 있지만, 그보다는 손으로 만져지는 경우가 많다. 히포크라테스 또한 간헐열에 동반된 비장비대를 진찰할 때 시진보다는 촉진이 더 유용하다는 사실을 알고 있었다. 그러나 근대 초기의 신사 문화 속에서 환자의 몸을 손으로 살피는 행위는 육체노동과 비슷한 무언가로 여겨졌다. 의사에게는 걸맞지 않은 일이었다.[14] 이런 면에서 촉진은 내외과 통합의 또다른 산물이라 할 수 있었다. 질병은 장기 속에 위치하며, 핵심은 병변에 있다는 가르침 속에서 프랑스의 의학도들은 손을 이용하여 진단하는 방법을 배워나갔다.

환자의 흉강이나 복강을 두드려보는 타진은 신체검사의 세번째 요소이다. 1761년, 빈의 의사 레오폴트 아우엔브루거(Leopold Auenbrugger, 1722~1809)는 『새로운 발견Inventum novum』이라는 소책자를 남겼다. 그 이전에 타진이 없었던 것은 아니다. 그러나 그것은 성긴 기록 속에만 남아 있었으며, 그렇기에 '새로운 발견'이라는 말은 정당할 수 있었다. 여관 주인의 아들로 태어난 아우엔브루거는 종종 아버지의 심부름을 하곤 했다. 지하 창고에 있는 술통에 포도주와 맥주가 얼마나 남아 있는지 알아보라는 주문이었다. 양초를 켜고 뚜껑을 열어 그 속을 들여다보는 대신, 어린 아우엔브루거는 술통의 옆을 두드려 그 양을 어림짐작하는 방법을 터득했다. 소리는 수면을 기준으로 확연하게 달랐다. 후에 의사가 된 그는 같은 방법을 통해 심장과 간의 비대나 흉강과 복강에 저류된 체액의 존재를 알아냈다.

한편, 아우엔브루거의 소책자는 고전이 이른바 '만들어진다'는 사실을 뚜렷하게 보여주기도 한다. 역사가들이 살펴본 바에 따르면 그의 책은 처음 출판된 후 40년 동안에는 이렇다할 주목을 받지 못했다. 18세기의 의사들에게 장기는 그다지 중요한 의학적 대상이 아니었기 때문이다. 변화는 프랑스 의학의 도입과 함께 시작되었다.

『새로운 발견』은 나폴레옹의 주치의이자, 파리 의학교의 교수였던 장 니콜라스 코르비자르(Jean-Nicolas Corvisart-Desmarets, 1755~1821)에 의해 재조명되었다. 그는 당대의 여느 의사들과 마찬가지로 장기를 중심으로 한 의학관을 공유했고, 특히 심장질환에 큰 관심을 보였다. 그리고 그는 곧 심장비대와 심낭액저류와 같은 병의 진단에 타진이 유용하게 쓰일 수 있음을 알아차렸다. 코르비자르는 학생들에게 타진을 가르치기 시작했고, 1808년에는 아우엔브루거의 책을 프랑스어로 번역했다. 본문의 세 배가 넘는 주석에는 새로운 진단법의 중요성이 분명한 어조로 쓰여 있었다. 여담이지만, 2년 앞서 출간된 코르비자르의 논고 역시 주목할 만하다. 어떤 학생이 기록한 강의 노트를 바탕으로 재구성된 원고였다. 여기에서 코르비자르는 당대의 의학 수준으로는 도저히 심장병을 치료할 수 없다는 투의 비관적인 결론을 내려놓았다. 맞는 말이었다. 사망률은 높았다. 입원한 환자들은 대부분 중병을 앓는 노동자 계급의 사람들이었고, 병원은 그들의 마지막 수단이었다. 병원은 '죽음으로의 관문'이기도 했다.

타진 이후, 청진이라는 가장 혁신적인 진단법이 추가되었다. 이전부터 의사들은 환자의 몸에서 나오는 소리를 들어왔다. 천명이나 심장잡음, 그리고 장음 등과 같은 소리를 통해 환자의 상태를 짐작할 수 있었기 때문이다. 기록에 따르면 의사들은 환자의 흉부나 복부에 귀를 직접 가져다 대곤 했다. 이러한 방식은 '직접' 청진이라 할 수 있다. 한편, 의사의 귀와 환자 사이에 무언가가 놓여 있다면, 그것은 '간접' 청진이 된다. 맞다. 재능 있는 의사 르네 라에네크(René-Théophile-Hyacinthe Laënnec, 1781~1826)가 개발한 청진기가 바로 그것이다.

라에네크의 경력은 한 사람의 삶에 바깥 환경이 미치는 영향력을 잘 보여준다. 유능한 개업의였고 동시에 언론인이자 편집인으로도 널리 알려졌지만, 라에네크의 삶은 그리 순탄치 못했다. 제1공화국과 제1제국의 정치적 상황은 가톨릭 신자이자 왕당파였던 그에게 분명 유리하지 못했다. 시간이 흘러 나폴레옹이 실각하고 부르봉 왕정이 돌아온 후에야 라에네크는 비로소 병원과 대학에 자리를 잡을 수 있었다. 하루는 어떤 젊은 여자가 병원에 찾아왔다. 가슴에 직접 귀를 가져다 댈 수 없었던 라에네크는 들고 있던 공책을 돌돌 말았고, 오히려 이러한 방법을 통해 직접 청진보다 소리를 더 뚜렷하게 들을 수 있다는 사실을 발견했다. 처음으로 청진이 이루어진 날이었다. 그는 곧 간단한 형태의 청진기를 고안했다. 속이 비어 있는 나무관에 서로 다른 높이의 소리를 듣기 위한 벨과 진동판이 달린 구조였다. (그는 숙련된 음악가이기도 했다.)

이는 1816년, 라에네크가 네케르 병원에서 근무할 때의 일이었다. 이로부터 1819년까지 3년의 기간 동안 그는 의학사의 그 어떤 인물보다도 정력적인 활동을 보여주었다. 간접 청진에 대한 책을 낼 때쯤 그는 벌써 청진의 달인이 되어 있었다. 라에네크는 호흡음을 기술하는 여러 용어를 고안했고, 이는 오늘날에도 그대로 사용되고 있다. 또한 그는 청진기를 통해 소리의 패턴을 파악함으로써 심장과 폐의 여러 질환을 감별하여 진단하는 방법을 밝혀내기도 했다. 특히 라에네크는 당대에 가장 치명적인 질병이었던 결핵 또는 소모증에 관심을 두고 있었는데, 이는 그의 병동이 결핵 환자로 가득차 있었기 때문이다.

라에네크가 1819년에 저술한 책은 크게 두 부분으로 구성되었다. 하나는 청진기 사용법에 대한 설명이었고, 다른 하나는 흉곽의 병리해부학적 구조에 대한 서술이었다. 신체검사를 통한 진단뿐 아니라 검시소에서의 병리학적 탐구에도 능했다는 점에서 그는 진정한 파리의 아들이었다. 부검을 통해 라에네크는 살아 있을 때의 신체검사 결과와 죽은 몸에서 발견되는 병변의 관련성을 탐구했다.

시진, 촉진, 타진, 청진이라는 신체검사의 네 요소는 결코 단번에 발생하지 않았다. 코르비자르가 아우엔브루거의 책을 번역한 1806년과 라에네크가 청진에 대한 책을 남긴 1819

11. 라에네크가 19세기 말 네케르 병원에서 환자를 청진하는 모습. 비쩍 여위어 힘없이 앉아 있는 환자는 아마 소모증에 걸린 듯하다.

년 사이에는 10년 이상의 세월이 놓여 있다. 라에네크는 수많은 프랑스 학생과 외국 유학생에게 청진을 가르쳤고, 청진기의 진단적 유용성은 여러 저명한 의사들 역시 인정하는 바였다. 그러나 라에네크의 책을 영어로 번역한 이에 따르면, 의사를 집으로 부를 수 있는 부유한 이들은 '망측한' 청진을 반기지 않았다. 오로지 병원에 입원한 빈민이나 군인만이 청진의 대상이 될 수 있었다. 자신의 몸에 대한 결정권은 바로 돈에서 비롯하기 때문이었다. 자산가들의 면전에서 의사들은 오히려 자신의 전문성을 입증해야 하는 처지였다. 사실 의사가 갖는 병원 내의 권력이 병원 밖으로까지 이어지는 데에는 꽤 오랜 시간이 걸렸다. 병원에서 일상적으로 행해지던 엄밀한 병력 청취와 신체검사는 여전히 병원의 담장을 넘지 못했다. 그러나 파리의 의학교에서 의사들이 벼려낸 이상은 오늘날에도 여전히 유의미하다. 임상에 임하는 의사들은 이를 명심해야 한다.

검시소: 병리학과 임상의 연계

1794년, 새로운 교육과정과 함께 파리의 의학교가 다시 문을 열었다. 그러나 기원을 1761년으로 소급할 수도 있다. 1761년은 또한 아우엔브루거가 타진에 대한 책을 낸 해이기도, 그리고 조반니 바티스타 모르가니(Giovanni Battista Morgagni, 1682~1771)가 『질병의 위치와 원인에 대하여De sedibus et causis morborum』를 출간한 해이기도 하다. 아우엔브루거의 소책자가 실제 환자를 진료하는 데 영향을 주었다면, 모르가니의 책은 프랑스 의학의 한 특징인 병리학적 접근의 근간이 되었다.

모르가니가 쓴 두꺼운 책은 교과서라기보다는 하나의 백과사전에 가까웠다. 무려 700건의 증례와 부검례가 실려 있었고, 게다가 대부분은 손수 관찰한 결과였다. 저작은 두부(頭部), 즉 머리에 발생하는 질병으로 시작하는데, 이로부터 알 수 있듯 서술의 핵심에는 각 장기의 병리적 변화가 놓여 있었다. 물론 환자의 말에 기초하여 증례를 서술한다는 점에서, 그리고 세세한 면에 관심을 기울인다는 점에서 모르가니는 히포크라테스주의의 계승자였다. 그러나 그는 부검을 통해 병리적 변화를 관찰하고자 했고, 이로써 고대인을 넘어설 수 있었다. 모르가니는 새로운 해부학적 구조를 몇 가지 발견하기도 했다. 그러나 그가 남긴 진정한 유산은 바로 방법론에 있었다. 모르가니의 책은 유럽 대부분의 나라에서 번역되었고, 이로써 많은 이들이 부검의 쓸모에 눈을 떴다. 프랑스에서 부검이 일상화되기 훨씬 이전의 일이었다.

모르가니는 파도바 대학교에서 50년이 넘는 세월 동안 해부학과 의학을 가르쳤고, 오랜 경험을 통해 수집한 증례를 책에 담았다. 그러나 파리의 의사들에 비할 바는 아니었다. 그들은 병원에서 숙식을 해결하며, 채 몇 년이 지나기도 전에 모르가니가 평생 동안 모은 부검례를 앞질렀다. 병원은 그야말로 증례의 보고였다.

신체검사의 시행으로 환자의 몸에서 병변을 찾을 수 있었다면, 부검은 생존시의 진단을 바로잡거나 재차 확인하는 일을 가능케 했다. 이런 점에서 병리학과 임상의 연계는 쌍방향이었다. 의사들은 병동에서 살아 있는 환자의 질병을 관찰하고, 이렇게 작성한 임상 기록을 부검을 통해 다시 검토했다. 그들은 임상의인 동시에 병리학자였고, 환자의 삶과 죽음 모두를 연구했다. 코르비자르와 라에네크를 비롯한 많은 이들에게 병동과 검시소는 모두 치열한 연구의 장이었다.

파리의 의사들은 질병에서 비롯한 병리적 변화, 즉 병변을 찾아 헤맸다. 철학자 프랜시스 베이컨(1561~1626)은 병변을 일컬어 '질병의 발자취'라 불렀다. '질병'이 우리 몸의 여러 장기를 헤집고 다니며 남기는 흔적이란 뜻이었다. 부검은 이러한 발자취를 확인하려는 시도였다.

부검과 신체검사는 질병 현상의 객관화라는 하나의 목표를 공유했다. 2000년 동안 계속된 '어림짐작'은 이제 보고 만지고 잴 수 있는 병리적 탐구로 대체되어야 했다. 자비에르 비샤(Marie-François-Xavier Bichat, 1771~1802)는 '부검을 통해' 고대의 '공허한 이론'을 쓸어버릴 수 있다고 주장했다. 비샤는 군의관으로 복무했고, 외과의로 경력을 시작하여 의사가 되었으며, 이를 바탕으로 의사의 철학적인 사고와 외과의의 국부적인 관점을 통합했다. 서른하나의 나이로 요절했지만, 그의 삶은 과연 파리 의학의 축소판이라 할 수 있었다. 많은 이들이 앞다투어 비샤의 죽음을 추모했고, 그는 곧 의학의 새로운 영웅이 되었다.

비샤는 오늘날 '조직학의 아버지'로 추앙된다. 장기의 종류와 무관하게 조직의 종류만 같다면 병리학적으로 동일하다는 사실을 밝혔기 때문이다. 이를테면 장막(漿膜)은 심장과 뇌, 흉강, 복강 모두에 존재하지만, 병리적 상태에서 같은 유형의 변화를 드러낸다. 비샤는 작은 확대경과 맨눈을 통해 인체 조직을 골조직과 신경조직, 섬유조직, 점액조직 등 21가지의 종류로 분류해냈다. 그에 따르면, 정맥과 동맥 역시 특별한 종류의 '조직'이었다. 단순한 관찰을 넘어 병리적 변화를 설명하기 위한 이론의 탐구에 골몰했다는 점에서 비샤는 파리의 여느 의사들과는 다른 유형의 사람이었다. 그러나 짧았던 그의 삶은 병동과 검시소가 있는 병원을 벗어나지 않았고, 깊은 생각과 왕성한 활동은 많은 이들의 귀감이 되기에 충분했다.

파리에는 영국 전체보다도 많은 병상이 놓여 있었다. 그리고 이는 환자를 관찰할 수 있는 미증유의 기회를 의미했다. 가난한 이들은 치료의 대가로 많은 것을 내놓았다. 살아서는 병동에서, 죽어서는 검시소에서 관찰의 대상이 되었으며, 이렇게 생명의 몸과 죽음의 몸 모두를 병원에 바쳐야만 했다. 가난이 강제한 헌신이었다.

프랑스의 의사들이 이루어낸 병리학과 임상, 신체검사의 결합은 질병에 대한 새로운 접근 방식을 낳았고, 이는 병원 내의 새로운 권력구조로 이어졌다. 질병분류학은 장기를 바탕으로 새로 쓰였으며, 이로써 장기는 의학의 중심으로 올라섰다. 관찰을 강조한다는 점에서는 히포크라테스주의를 이어받았으나, 체액이 아닌 장기에서 질병을 찾고, 병원에 기반을 두는 새로운 사고였다.

장기병리학은 의학의 핵심이 되었다. 프랑스의 의사들은 심장과 폐, 신장, 뇌와 신경계, 위장관, 간, 피부, 생식기관 등에 대한 연구를 통해 명망을 얻었다. 코르비자르의 심장질환 연구와 라에네크의 폐질환 연구는 진단의 혁신에 힘입은 바이기도 했다. 그 밖에도 피부의 장 루이 알리베르(Jean-Louis-Marc Alibert, 1768~1837), 신장의 피에르 레예(Pierre-François-Olive Rayer, 1793~1867), 혈액의 가브리엘 안드랄(Gabriel Andral, 1797~1876), 생식기관의 필리프 리코르(Philippe Ricord, 1800~1889) 등이 유명했다.

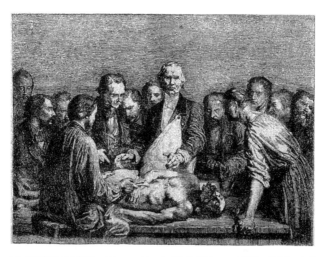

12. 알프레드 벨포(Alfred-Armand-Louis-Marie Velpeau, 1795~1867). 파리 대학의 임상 외과학 교수였으며, 육안해부학, 발생학, 생리학, 유방질환 등에 업적을 남겼다. 어두운 분위기의 동판화에는 산 자를 위해 죽은 자를 해부하는 장면이 절절히 담겨 있다.

소모증만큼 많이 다루어진, 또 많은 환자를 고생시킨 병도 없다. 18세기 후반부터 본격적으로 유행하기 시작한 소모증은 19세기 초반까지 수많은 유럽인을 죽음으로 몰았다. 소모증에 대한 기록은 고대로 거슬러올라가 찾아볼 수 있다. 히포크라테스를 따르던 고대의 의사들은 열과 지속되는 기침, 그리고 다른 호흡기 증상을 보이며 쇠약해지는 병을 소모증이라 적었다. 실제로 고생물병리학은 소모증이 인간 사회에 1000년 이상 존재하고 있었음을 보여주었다. 오늘날의 진단명을 빌리자면 결핵에 해당하는 병이다. 물론 '결핵'은 로베르트 코흐(Heinrich Hermann Robert Koch, 1843~1910)가 결핵균을 발견한 이후 비로소 확립된 개념이다. 그럼에도 라에네크와 그의 동료들이 남겨놓은 병리학적 연구를 찬찬히 살펴보면, 소모증이란 역시 결핵과 동일한 병임을 확신할 수 있다. 환자의 증상과 부검 소견이 합치하기 때문이다.

라에네크는 청진기를 이용해 소모증을 진단할 수 있다고 주장했다. 그에 따르면, 소모증 환자의 상부 흉부에서는 어떤 특이한 소리가 들렸다. 또한 그는 임상에서의 관찰과 부검례를 바탕으로 '결절'이라는 작은 병변이 결핵의 병리학적 특징이라 주장했다. 마치 과일이 익어가듯, 작은 결절에서 커다란 과립성의 병변이 발생한다는 생각이었다. 이에 따라 결절을 나타내는 림프절결핵과 결핵성 수막염, 장결핵 등이 '결핵'

이라는 하나의 진단 기준 아래 묶이게 되었다. 이는 후에 코흐가 결핵균을 발견하면서 다시금 옳다고 밝혀졌다. 그러나 여러 장기의 질병을 하나로 묶는 일은 라에네크가 서 있던 장기 병리학의 전통에 어긋나기도 했다. 장기를 중심에 두는 프랑스 의학의 사고방식에 비추어볼 때, 장기를 넘어서는 무언가를 상정할 수는 없었기 때문이다. 덧붙여 라에네크가 결핵의 원인에 대해서는 말을 아꼈다는 지점도 주목할 만하다. 강한 정념에서 결핵이 비롯하는 것이 아닐까 홀로 짐작하기도 했지만, 라에네크에게 병의 원인이란 불가지의 문제였다.

라에네크의 빛나는 업적은 병리학과 임상을 연계하는 방식의 강점과 약점 모두를 드러낸다. 병변에 대한 강조는 양면적이다. 병변이란 질병의 말기 현상이다. 따라서 여기에 집중했던 프랑스의 의사들은 질병이 진행되는 과정이나 그 원인에 대해서는 상대적으로 소홀할 수밖에 없었다. 그러나 임상에서의 관찰과 부검을 통한 병리학적 소견 간의 관계를 유심히 살펴봄으로써, 그들은 또한 수많은 질병을 새로 분류해내기도 했다. 세균 이론 등이 의학의 모습을 상당 부분 바꾸어놓은 오늘날에도, 우리는 여전히 프랑스인들이 고안했던 바로 그 용어를 사용한다.

발진티푸스와 장티푸스의 예를 생각해보자. 이름처럼 증상도 비슷해서 오래된 의학 문헌을 읽을 때는 분간이 힘들 정도이다. 18세기에는 '열병'을 하나의 질병으로 여겼다. 다만 그 안에 간헐열, 지속열, 발진열, 부패열, 소모열 등의 종류가 있을 뿐이었다. 19세기 이후 열병은 질병이 아닌 하나의 증상으로 새로 정의되었지만, 말은 하루아침에 바뀌지 않는다. 개념이야 어찌되었건 영어권에서는 요즘에도 장티푸스를 '티푸스열'이라 부르고 있고, 어떤 바이러스 질환에는 '황열병'이라는 이름이 붙어 있다.

발진티푸스와 장티푸스의 구별은 프랑스와 영국, 미국의 여러 의사가 노력한 결과이다. 프랑스에서는 피에르 루이(Pierre-Charles-Alexandre Louis, 1787~1872)가 1829년에 발진티푸스의 병리학적 진단 기준을 마련하였다. 루이의 삶 역시 프랑스 의학의 축소판이라 할 만하다. 그의 이력은 러시아에서 시작되었다. 그러나 몇 년을 보낸 후, 루이는 자신의 무지를 자각하고 귀국을 결심했다. 1820년에는 '새로운' 의학을 공부하기 위해 샤리테 병원에 취직했고, 6년에 걸쳐 2000건이 넘는 부검을 집도하는 동시에, 임상 기록과 부검 소견을 꼼꼼하게 기록으로 남겼다. 그리고 이를 바탕으로 결핵과 창자열, 즉 장티푸스에 대한 논문을 작성했다. 루이는 대장 점막에 있는 파이어판의 종창을 통해 창자열을 구분할 수 있다고 주장했다.[15] 이후 런던의 윌리엄 제너(William Jenner, 1815~1898)와 필라델피아의 윌리엄 우드 거하드(William Wood Gerhard,

1809~1972)를 비롯한 여러 인물이 힘을 보탬으로써, 발진티푸스와 장티푸스는 비로소 구분될 수 있었다.

19세기 전반, 병리해부학은 의학의 왕이었다. 병리해부학은 의사들에게 손으로 만질 수 있는 질병의 증거를 제공해주었고, 의사들은 이를 통해 과거의 질병 분류를 마름질할 수 있었다. 수많은 환자가 모여든 병원이 아니라면 상상할 수 없는 일이었다. 의사들은 연구의 '소재'였던 환자를 관찰하고 부검했다. 이제 '숫자놀음'이라는 세번째 대들보로 향할 차례다. 누구보다 체계적인 사람이었던 루이는 자신의 '수량적 방법(méthode numérique)'을 이용하여 진단 기준을 확정하는 동시에 치료의 효과를 평가하고자 했다.

통계: 셈하는 법을 배우다

의사들은 자주 큰 수를 다루곤 했다. 군 병원이나 민간 병원 할 것 없이 그해의 증례, 진단, 치료 등에 대해 통계를 내는 일은 늘 의사의 몫이었기 때문이다. 그래서일까, 어떤 이들에게 루이는 그저 당대의 흐름을 충실히 따르고 정리했던 의사 정도로 평가된다. 루이는 누구보다도 사실을 중요시하고 개방적인 태도를 견지했지만, 그 시절엔 누구나 그러했다는 주장이다. 그러나 루이는 분명 혁신적인 사람이었다. 그리고 그런 탓에 파리 의학의 전성기가 저물어가던 무렵에도, 여전히 국제적인 영향력을 지닐 수 있었다. 수많은 유학생이 루이를 찾았고, 루이는 프랑스의 의사들이 내놓은 여러 통찰을 솜씨 있게 종합했다. 1834년에 영어로 번역되기도 한『임상에서의 가르침An essay on clinical instruction』이라는 짧은 에세이는 파리 의학이 지향했던 바를 간결하게 보여준다.[16]

루이는 보통 사혈이라는 오래된 치료법에 홀로 맞선, 그리하여 승리를 거둔 인물로 묘사된다. 같은 이유에서 대표적인 업적을 꼽을 때도 언제나 사혈에 대한 논문만이 거론된다. 1835년에 발표된『몇 가지 염증성 질환에 대한 사혈의 효과 연구Recherches sur les effets de la saignée dans quelques maladies inflammatoires』이다. 그러나 진정한 유산은 내용이 아닌 방법론에 담겨 있다. 루이는 폐렴 환자를 여러 집단으로 나누어 서로 다른 방식으로 치료하였고, 이러한 방법을 통해 치료법에 따른 효과를 비교하고자 했다. 환자군에 따라 안티몬이 들어 있는 토주석(吐酒石)이 상이한 용량으로 투여되었고, 사혈 또한 시기와 양을 달리하여 시행되었다. 이처럼 환자군을 구분하여 치료법의 효과를 비교하는 루이의 방식은 오늘날까지 내려온다. 임상시험이다. 물론 루이의 방법이 현재의 기준에 들어맞지는 않는다. 사혈을 시행하지 않는 환자군이 포함되어 있지 않았고, 그저 시기와 양에만 차이를 두었기 때문이다.

고전적인 연구로 전해지는 루이의 짤막한 논문은 사실 프랑수아 브루세(François-Joseph-Victor Broussais, 1772~1838)와의 격론 속에서 쓰인 글이었다. 브루세는 프랑스 의사들의 정적이고 해부학적인 사고에 반발하여, '생리학적 의학'의 체계를 내세웠던 인물이다. 브루세의 생리학적 의학에 따르면, 모든 질병은 위에서 비롯했다. 다른 부위의 병변은 위에 가해지는 자극의 결과에 지나지 않았다. 이는 브루세의 개인적인 경험에 바탕을 둔 이론이었다. 집도했던 부검례 대부분에서 만성 위염의 소견을 관찰하자, 브루세는 이를 바탕으로 무릇 질병이란 모두 위염에서 비롯한다는 결론을 내렸다. 모든 병의 원인이 같다면, 치료 역시 다를 이유가 없었다. 브루세는 자극과 염증에 대한 당대의 표준적인 치료법인 사혈을 시행했다. 특별한 이유는 없었지만, 수술용 칼인 랜싯으로 정맥을 절개하기보다는 거머리를 붙여 자연스럽게 피를 뽑아내는 방식을 선호하기도 했다. 브루세와 루이는 1830년대에 걸쳐 날카로운 논쟁을 벌였다. 확신을 갖고 열정적으로 치료에 임했던 브루세와 달리, 루이는 의학의 능력에 대해 비관적인 태도를 견지했다. 루이가 보기에 의학은 그저 질병의 진행을 늦출 뿐이었다. 여하튼, 임상시험의 선구자라는 루이의 업적은 그의 라이벌이었던 브루세와의 논쟁 속에서 이루어진 일이었다.

질병에 대한 브루세의 동적이고 생리학적인 관점은 많은

이들의 공감을 얻었지만, 모든 질병을 위염의 결과로 보았던 생각만큼은 그리 오래가지 못했다. 반대로 루이의 수량적 방법은 현대 의학의 핵심으로 자리잡았다. 이제 숫자는 진단 기준을 마련하고 치료법을 평가하는 데 없어서는 안 될 필수적인 도구가 되었다. 한편, 그는 치료 회의주의를 퍼뜨리기도 했다. 사실 동시대의 많은 의사와 학생들은 이미 비슷한 생각을 하고 있었다. 파리의 병원은 정확한 진단과 부검을 통한 확진에는 능했지만, 치료에서만큼은 그렇지 못했기 때문이다. 환자 대부분은 이렇다 할 기대 없이 병원에 들어섰다. 그럼에도 권력의 지형도에서 의사는 최상위를 차지했다. 이는 환자의 자율성과 자본의 힘, 관리자의 영향력이 의료의 권력구조를 바꾸어놓은 오늘날에도 마찬가지다.

어떤 이들은 루이의 치료 회의주의로부터 힘없는 환자들에 대한 모종의 음모를 읽어낸다. 그렇지 않다. 그것은 오히려 진실한 고백에 가깝다. 환자에게 그다지 해줄 것이 없다는 자각 이후, 의사들은 수많은 노력을 기울였다. 그리고 마침내 루이가 시작하여 이제는 일상이 되어버린 셈하고, 평가하고, 비교하는 일을 통해, 의사들은 비로소 환자에게 도움이 되는 일을 할 수 있게 되었다.

신체와 정신

1850년을 즈음하여 사람들은 프랑스의 병원 의학에 익숙해졌다. 하지만 이미 저물어가는 별이었다. 부검을 통해 새로 밝혀지는 지식에는 한계가 있었다. 병동에서의 관찰에 만족하지 못했던 이들은 이제 실험실을 향했다. 전성기 시절에는 달랐다. 서구 전역에서 수천 명의 학생이 파리로 몰려들었다. 그리고 이들은 고국인 영국, 독일, 오스트리아, 이탈리아, 미국, 네덜란드 등으로 돌아가, 보고 배운 바를 본떠 의학교와 병원을 지었다. 19세기 초반, 병원이 없는 의학교는 이류일 뿐이었다. 1820년대 후반, 유니버시티 칼리지 런던의 전신인 런던 대학교가 의학교를 설립하며 가장 먼저 했던 일 역시 병원의 건설이었다. 유럽 전역에서 같은 일이 반복되었다. 임상 강의가 실습이 아닌 시범으로만 진행되던 독일의 작은 시골 마을조차, 파리를 좇기에 여념이 없었다.

그러나 19세기 중반 미국의 상황은 달랐다. 병원 하나, 실험실 하나 없는 의학교가 넘쳐났고, 수개월 치 수업료만 있다면 누구나 학위를 받을 수 있었다. 많은 이들이 절망했다. 파리에서 돌아온 유학생들과 펜실베이니아 대학교와 같은 미국 동부 의과대학 출신들은 참담한 현실 앞에 좌절했다. 그러나 이른바 '기업가 정신'의 비호 아래 의학교들은 성업을 이루었다. 상황이 바뀐 건 19세기 후반이 되어서였다. 1876년에 설립된 존스홉킨스 대학이 시작이었다. 독일의 고등교육 모델을 기본으로 한 연구 중심 대학이었다. 독실한 퀘이커 교도이자 성공한 철도 사업가인 존스 홉킨스(Johns Hopkins, 1795~1873)가 돈을 대었지만, 병원과 의과대학을 건설하는 데에는 더 많은 돈이 필요했다. 결국, 거의 20년의 세월이 지난 뒤에야 존스홉킨스 대학은 의과대학을 갖출 수 있게 되었다. 존스홉킨스의 의과대학과 병원은 연구를 강조하는 독일의 전통과 임상을 강조하는 프랑스의 전통 모두를 계승했다. 존스홉킨스 이야기를 하면서 윌리엄 오슬러(William Osler, 1849~1919)를 빼놓을 수는 없다. 의과대학 교수였던 그는 이른바 존스홉킨스 '사인방'에 해당하는 인물이었다. 오슬러에 대한 상찬은 오늘날에도 여전하다. 과학적이면서도 인간미가 넘치는 의사, 장서가이자 역사가, 수필가, 그리고 진정한 스승, 우리에게 오슬러는 그런 사람이다.[17]

독일의 흔적도 없지는 않겠지만, 수련 병원의 일상은 프랑스의 전통에 깊이 뿌리내리고 있다. 프랑스는 크게 두 가지의 흔적을 남겼다. 하나는 나날의 병동 회진이다. 교수가 앞장서고, 그 뒤를 수련의와 학생, 간호사가 따르는 바로 그 의식이다. 의료인들은 환자를 직접 눈으로 보고 토론한다는 점에서 프랑스의 유산을 재현한다. 다른 하나는 증례 검토회다. 수많은 의사와 학생들 앞에서 젊은 교수는 흥미로운 '증례'를 발표하고 선배 교수들의 검토를 받는다. 때로는 환자의 병력과 임상 경과가 발표된 이후 진단의 타당성에 대한 토론이 이어지는데, 여기에 병리학자가 부검 소견을 보태기도 한다. 이렇게 환자의 삶과 죽음은 하나의 전체로서 토의된다.

큰 규모의 수련 병원에서 소아과학이나 순환기학, 신경과학, 산과학, 정형외과학, 이비인후과학 등의 세부 분과는 저마다 과장을 두며, 서로 다른 병동에서 개별적으로 회진을 실시한다. 그러나 정신과학만큼은 예외적이었다. 정신질환이 워낙 흔한 탓에 '의학의 절반'이라고도 불리지만, 종합병원에서는 오래도록 이렇다 할 몫을 차지하지 못했기 때문이다. 대신 심각한 정신질환을 앓던 이들은 '광기'라는 낙인 아래 별도의 시설에 수용되곤 했다. 근대 초기에 마련된 시설에 대한 규정도 병원에 대한 그것과는 별개였다. '광인의 집'이라는 점잖지 못한 이름으로 불렸던 시설은, 주로 비의료인에 의해 영리를 목적으로 운영되었다. 종합병원과 달리 환자들은 대개 부유한 가문의 사람들이었다. 남다른 행동을 하거나 환영을 보는 등 집안을 난처하게 하는 행각을 일삼았고, 결국 천덕꾸러기가 되어 시설에 보내진 이들이었다. 당시 영국에서 가장 널리 알려진 시설은 베들레헴의 성모 병원이었다. 어찌나 유명했던지 오늘날의 영어에서도 그 흔적을 심심치 않게 찾을 수 있다. 아수라장을 의미하는 '베들럼(bedlam)'이라는 단어는 베들레헴의 준말이고, 광인 하면 떠오르는 상투적인 인물의 이름 역시 '베들럼의 톰(Tom o' Bedlam)'이다. 셰익스피어의 『리어 왕』에도 등장하는 '베들럼의 톰'은, 정신과 환자들이 일상적으로 겪는 소외의 문제를 상징하는 인물이기도 하다.

베들레헴 병원은 광인의 집 가운데서도 예외적인 시설이었다. 기부금으로 운영되는 동시에, 운영을 전담하는 관리자도 따로 있었기 때문이다. 그러나 대부분의 시설은 관리의 사각지대에 놓여 있는 소규모의 사설 기관이었고, 이른바 광기가 사회적 두려움의 대상이 되면서부터 비로소 공적인 관심을 받게 되었다. (여담이지만 요즘은 치매가 그러하다. 암보다 치매를 더 무서워하는 이들이 적지 않다.) 한편, 광인의 집은 통상적인 병원의 범주 바깥에 놓여 있는 무엇이라 여겨졌고, 그런 탓에 대개 '병원'이라는 이름을 달지 못했다. 진단 역시 오직 이웃이나 가족의 말 또는 환자의 행동에 대한 관찰을 근거로 내려졌다. 파리 의학의 이념에 따라 정신병만의 병변을 찾으려 했던 의사들은 좌절에 빠졌다. 광인의 뇌를 아무리 들여다보아도 무엇이 증상을 유발하는지 알 수 없었다. 광기는 정신의 문제이지, 신체의 문제가 아니었다. 광인의 존재는 사람들에게 근본적인 문제를 제기했다. 인간의 이성과 도덕적 책임감, 옳고 그름을 판단하는 능력이란 신께서 내려주신 영혼의 속성일 터, 그렇다면 광인은 도대체 어떤 존재란 말인가? 이성의 상실은 곧 인간성의 상실이었다.

철학적이고 신학적인 문제들이 논의되는 동안, '광기'의 문제는 점차 의사들의 손에 맡겨졌다. 그리고 이에 따라 이를 하나의 질병으로 보는 관점이 설득력을 얻었다. 무릇 질병이란 의사의 몫이라는 주장이었다. 그리고 그 무리의 한 가운데 근대 정신과학의 창립자 필리프 피넬(Philippe Pinel, 1745~1826)이 있었다. 파리 의학의 선구자였던 그는 혁명이 시작되기 전부터 질병분류학과 임상에서의 탁월함으로 이름이 높았다. 또한 임상 교육에서 병원이 얼마나 중요한지에 대한 소논문을 발표하기도 했고, '신경증'이라는 말을 고안하기도 했다. 혁명이 진행되는 동안에는 남성 종합병원인 비세트르 병원과 여성 종합병원인 살페트리에르 병원에서 근무했다. 대중에게 위험이 되거나 자신을 책임질 수 없다는 이유로 매춘부, 방랑자, 잡범, 고아, 노인, 광인 등을 강압적으로 수용하던 곳이다. 그러나 혁명은 두 병원을 정신병원으로 바꾸어놓았고, 당시 살페트리에르 병원에서 근무하던 피넬은 정신질환자를 맡게 되었다. 유명한 '도덕 치료(traitement moral)'가 시작된 시점도 바로 이때였다. 피넬은 환자를 하나의 인격체로 대해야 한다고 주장하면서, 감금된 이들의 족쇄를 끌렀다. 파리뿐만이 아니었다. 영국에서는 퀘이커파 가문이었던 튜크가가 요크 요양원을 설립하여 비슷한 일을 했고, 이탈리아에서도 빈센초 키아

루지(Vincenzo Chiarugi, 1759~1820)가 도덕 치료를 실시하였다.

도덕 치료의 의미를 둘러싸고 역사가들 사이에서는 이런 저런 말이 적지 않았다. 그럼에도 이견을 찾을 수 없는 두 가지 사실이 있다. 하나는 도덕 치료 덕분에 광인이 공적 영역으로 들어올 수 있었다는 점이고, 다른 하나는 비로소 정신과학이 의학의 세부 전문 분야로 발돋움할 수 있었다는 점이다. 19세기 중반이 되면서 대부분의 유럽 국가와 미국에서는 정신과학 학회가 창립되었으며, 전국 곳곳에 수용소, 즉 정신병원이 설립되었다. 한편, 정신질환에 대한 전통적인 치료법인 사혈과 토제와 하제는 '도덕적인' 방법으로 대체되었고, 건물의 구조 또한 치유에 도움이 되는 방향으로 새롭게 설계되었다. 1830년대부터 많은 이들은 신체적 구속이 없는 치료를 요구했다. 의사들 또한 잘 설계되고 잘 운영되는 정신병원에서는 환자를 물리적으로 구속할 이유가 없다고 주장했다.

그러나 희망과 현실은 달랐다. 조기 진단과 윤리적 치료로 정신병을 완치할 수 있다는 장밋빛 전망은 좀처럼 실현되지 않았다. 인간다움과 완치의 희망이던 수용소는 점차 난치성 환자들로 가득찼고, 그야말로 '광기의 박물관'이 되어갔다. 뇌와 그 작동 방식에 대한 지식이 축적되었지만, 그뿐이었다. 정신과학과 의학의 거리는 좁아질 줄 몰랐다.

19세기 말, 독일의 정신과학자 에밀 크레펠린(Emil Kraepelin,

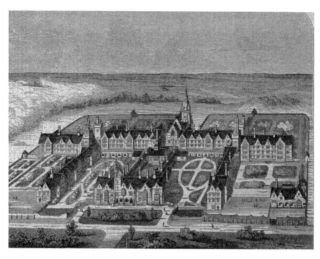

13. 19세기 초반, 사람들은 낙관적인 전망과 함께 정신병원을 설립했다. 그러나 수용소가 점점 비대해지고, 치료에 난항을 겪는 사람들로 가득차면서 희망은 사라져버렸다. 이 그림은 영국 에식스 주 브렌트우드에 세워질 예정이었던 수용소의 조감도이다. 그 자체로 자족이 가능한, 작은 고립된 세계로 설계되었음을 알 수 있다.

1856~1926)은 벌어져만 가는 의학과 정신과학의 틈을 좁히고 자 노력했다. 그리고 이를 위해 대학 안에 정신과 진료소를 설 치하고 정신질환을 하나하나 분류하기 시작했다. 프랑스의 의 사들이 그랬던 것처럼, 정신질환을 분류하고 명명함으로써 진 단의 체계를 마련하려는 시도였다. 이 과정에서 크레펠린은 정신병과 신경증을 구분하는 한편, 오늘날의 조현병에 해당하 는 질환에 젊은이의 치매라는 뜻의 '조발성 치매'라는 이름을 붙이기도 했다. 동시대의 지크문트 프로이트(Sigmund Freud, 1856~1939)가 정신분석의 초석을 놓았다면, 크레펠린은 현대 정신질환 질병분류학의 기반을 닦고 정신과학이 하나의 학문 으로서 자리잡는 데 큰 역할을 수행했다.

의학과 정신과학의 거리는 여전하다. 그러나 그 틈이야 어 찌되었건, 강압적인 수용소로부터 진료실로의 전환은 치유의 시설로서의 병원을 향한 어떤 신앙과도 같은 감정을 보여준 다. 의료화라는 관점으로 이 현상을 이해할 수도 있겠다. 오늘 날 우리 삶의 많은 부분은 의료의 대상이 되었다. 슬픔과 범죄 성, 반항기, 산만함 등은 이런저런 진단명과 함께 의학적 개입 이 필요한 질병으로 거듭났다. 이름을 붙이는 일이 가져온 또 다른 결과다.

제 4 장

지역사회 의학

사람들의 건강

근대적 의미의 공중보건 운동은 19세기에 시작되었다. 물론 운동의 배경이 되는 정치, 사회, 의학의 구조는 그전부터 존재했다. 병원 의학이 환자와 의사의 차원에 놓여 있다면, 공중보건은 국가와 개인을 다룬다. 쉬운 예를 들어보자. 내가 감기에 걸려서 병원에 간다 해도 가까운 사람들 외에는 그 누구도 관심을 기울이지 않는다. 그러나 인플루엔자가 유행하거나 상수도가 오염된다면 곧바로 뉴스에 방영된다.

이름에서 보이듯 공중보건은 건강을 유지하고 질병을 예방하는 활동을 의미한다. 전통적으로는 유행병 관리가 여기에 해당하겠으나, 그것이 다는 아니다. 위생, 즉 사람들의 건강을 지켜 병을 예방하는 일도 공중보건의 임무 중 하나이다. 다시 말해, 유행병 관리와 위생은 공중보건을 구성하는 두 흐름이며, 질병을 예방한다는 같은 목표 아래 한데 어우러진다. 내가 여기서 강조하고 싶은 지점은 국가의 역할이다. 요즈음에는 위생이 '생활습관 의학' 정도로 축소되는 상황이라지만, 국가의 중요성만큼은 변함이 없다.

산업국가 이전

고대 문헌에는 감염병에 대한 말이 심심치 않게 등장한다. 실제로 근대 이전, 인구는 주기적으로 줄어들었다. 맬서스주의가 말했던 가난과 질병이라는 종말의 기수들이 칼을 휘두르고 다닌 탓이다. 생활은 불결하고 미개했으며, 삶은 길지 못했다. 가난과 질병의 역사는 길고 또 길었지만, 그중에서도 흑사병이 유행하던 14세기에서 17세기 중반은 특히나 암울한 시기였다.[18]

빅토리아시대(1837~1901)의 사람들이 흑사병이라 불렀던 병은, 대륙을 넘나들며 세계를 위험에 빠뜨렸던 첫번째 범유행병이었다. 그전까지 유행병은 대개 특정한 장소에서, 제한된 시간 동안만 만연했다. 흑사병은 중앙아시아의 스텝 지대에서 시작하는 비단길을 따라 중동과 유럽의 서단, 아프리카의 북쪽 해안에 다다랐다. 4년이 넘는 세월이었다. 그리고 그렇게 유럽에 도착한 흑사병은 전체 인구의 4분의 1에서 반 정 도를 죽음으로 몰았다. 맹위를 떨치던 흑사병은 1660년대를 지나며 겨우 진정세를 보였다. 1720년대에 마르세유에서 또 한번의 유행이 있었지만, 비교적 빠르게 회복되었다.

흑사병이 하나의 유행병이라는 사실 만큼은 분명하다. 그 러나 최근에는 1340년대의 흑사병이 페스트가 아닐지도 모 른다는 주장이 유행이다. 다시 말해, 1890년대 홍콩에서 확인 된 페스트균인 예르시니아 페스티스(Yersinia pestis)와 흑사병 의 원인균은 서로 다르다는 의견이다. 전파 속도나 계절에 따 른 변화, 사망 패턴이 달랐고, 죽은 쥐떼를 본 사람도 없었기 때문이다. 근대에 유행한 페스트는 언제나 설치류의 페스트 감염을 동반했다. 여러 미생물이 후보로 떠올랐다. 일군의 학 자들은 탄저병이나 미지의 바이러스, 혹은 그 외의 미생물을 범인으로 내세웠다. 맥각중독 역시 하나의 가설이었다. 하지 만 이런 대안적 해석의 문제점은 첫번째 유행에만 집중한다 는 점이다. 만약 1345년에서 1666년까지의 유행을 더욱 넓은 관점에서 바라본다면, 사실은 좀더 분명하게 드러난다. 1665 년의 런던 대유행처럼, 후대로 갈수록 의학적인 증거도 충분 하다. 여러 번의 유행을 겪어본 사람도 적지 않았다. 물론 몇 백 년의 유행을 모두 경험한 사람은 없겠지만, 살면서 두 번이 나 세 번 정도 이 병을 겪어본 사람들은 분명 존재했다. 게다

14. 밀라노의 페스트 유행. 펠릭스 예네바인이 만든 석판화다. 중세 후기와 근대 초기, 되풀이되는 림프절 페스트의 유행으로 사람들이 느꼈을 고적함과 황망함을 표현했다. 오늘날을 사는 우리 역시 마찬가지다. 현대인도 인플루엔자나 테러로 인한 천연두 혹은 탄저병 유행을 두려워하며 살아가기 때문이다.

가 개중에는 의사들도 있었다. 결국, 이렇게 누적된 역사적 경험들은 반복해서 유행했던 그 병이 '우리가 아는' 페스트, 다시 말해 페스트균에 의한 질병일 수밖에 없음을 보여준다. 첫번째 유행은 페스트에 면역이 없는 사람들을 덮쳤고, 참담한 결과를 낳았다. 천연두나 홍역과 같은 질병 역시 처음 유행할 때는 엄청난 희생자를 낳았다.

당대인들은 인간의 죄악과 나태, 유대인과 마녀 등 사회 주변부 집단에 대한 신의 진노, 나쁜 공기 등을 유행병의 원인으로 지목했다. 점성술에 근거한 해석도 있었다. 그러나 이와 같은 초자연적 설명에도 불구하고, 반복되는 페스트의 유행으로 사람들은 지역사회의 건강 문제에 눈을 떴고, 그 결과 질병을 예방하거나 억제하는 조치들을 갖추게 되었다. 개인에 초점을 맞춘 격리나 국경 검문, 강제 입원과 같은 방법이 시행되었고, 페스트 유행 지역에서 들어오는 선박에 대한 검역이나 사람 및 상품의 이동에 대한 통제, 질병의 유행 여부를 돌아보는 의학적 순찰 등 사회 전반을 감시하는 조치도 함께 이루어졌다. 페스트는 근대 초기 공중보건의 능력을 시험하는 계기인 동시에, 위기의 순간에 진행되는 국가와 의학의 필연적 결합을 보여주는 사건이기도 했다. 몇몇 역사가들은 오스트리아-헝가리 제국 남부와 동부의 '방역선(防疫線, cordons sanitaires)'이 중동으로부터의 페스트 유입을 저지하는 데 어느 정도 역할을 했다고 주장한다. 서유럽에서 페스트가 사라진 이후에도, 중동 지역에서는 이따금 풍토병인 양 페스트를 앓곤 했다. 따라서 중동을 여행하던 19세기의 유럽인들은 언제나 검역의 가능성을 감수해야만 했다.

페스트는 분명 지역사회의 건강과 질병에 대한 경각심을 높였다. 페스트 유행 당시 유럽 전역에 세워진 피병원(避病院)은 그 이후에도 다른 감염병의 격리와 치료에 사용되었다. 그러나 그것이 공중보건 인프라의 마련으로 이어졌을지는 의문이다. 아무튼, 유럽 절대주의 국가 대부분은 공중보건을 국가기구의 임무로 격상했다. 특히 17세기 후반부터 독일어권 국가에서는 '위생경찰'의 개념이 등장하여 무르익어갔다. 이는 범세계주의 의사이자 공중보건 개혁가인 요한 페터 프랑크(Johann Peter Frank, 1745~1821)의 『위생경찰 대계System der vollständigen medicinischen Polizey』(이하 『대계』)에서 절정에 달했다. 1779년부터 1827년까지 출간된 아홉 권의 저작에서, 프랑크는 위생경찰에 막대한 권력을 부여해야 한다고 주장했다. 『대계』는 모자보건, 의복, 주거, 도로, 전기, 시체 처리 등 요람에서 무덤에 이르는 인생 전반의 문제를 망라한다. 삶의 많은 부분은 건강 문제와 연결되어 있기 때문이다. 이 사실을 우리만 알았을 리 없다.

『대계』의 마지막 몇 권은 프랑크 사후에 출간되었다. 프랑크가 열정적으로 신봉했던 천연두 예방법인 종두법이 인두법을 대신해가던 시절이었다. 종두법과 인두법 모두 의사에 의해 도입되었지만, 그 뿌리만큼은 민간요법에 있었다. 인두법은 천연두를 앓는 사람의 고름집에서 두묘(痘苗)를 채취하여, 걸리지 않은 사람의 몸에 접종하는 방식이다. (무언가를 떼서 다른 곳에 옮겨 심는다는 유사성 때문에, 영어로 인두법을 가리키는 'inoculation'이라는 단어는 원예학을 의미하는 'horticulture'에서 유래했다.) 일부러 병에 걸리게 하다니, 이것은 과연 옳은 일일까? 두 가지 이유에서 그렇다. 먼저 천연두의 높은 사망률과 유병률이다. 천연두는 굉장히 흔한 병인데다 위험한 병이기도 했다. 사망률은 상황에 따라 5퍼센트, 때로는 20퍼센트에 달했다. 따라서 어떠한 위험을 감수하더라도 천연두를 막을 수 있는 방편이 꼭 필요한 상황이었다. 요즈음에도 어떤 사람들은 '수두 파티'를 연다. 수두에 걸린 아이의 집에 자신의 아이를 데려가 굳이 병에 걸리게 하기 위해서다. 수두 파티에 비하면 인두법은 훨씬 위험한 방법이지만, 기본적인 전략 자체는 다르지 않다. 두번째는, 한번 앓고 나면 평생 다시 앓을 일이 없다는 점이다. 약한 천연두를 골라 두묘를 얻는다면, 천연두로 사망할 가능성은 사라지게 된다.

인두법은 고대 동양의 관습이다. 중국인들은 두묘를 가루로 만들어 코로 흡입했고, 터키인들은 피부에 상처를 내어 두묘를 심었다. 워틀리 몬터규 부인(Lady Wortley Montague, 1689~1762)은 영국 대사였던 남편을 따라 콘스탄티노플에 잠시 머물렀는데, 이때 터키 방식의 인두법을 배웠다. 아직 천연두에 걸리지 않았던 아이들이 첫 대상이 되었고, 아이들은 가볍게 병을 앓았다. 몬터규 부인과 영국 대사관의 의사는 런던으로 돌아가 새로운 방법을 소개했다. 이번에는 왕실이 앞장섰다. 영국의 왕 조지 2세가 왕실의 시의(侍醫)를 시켜 자식들에게 인두를 접종했고, 뒤이어 런던의 보통 사람들도 왕실을 따라 인두를 맞았다. 명망 높은 의사이자 뉴턴의 제자였던 제임스 저린(James Jurin, 1684~1750)은 인두법에 대한 통계를 작성하여, 인두법이 천연두로 인한 사망률을 낮추어준다는 점을 수학적으로 증명했다.

18세기 중반이 되면서 인두법은 더욱 간단하게 개량되어 널리 보급되었다. 프랑스의 왕 루이 15세가 천연두로 사망한 뒤 루이 16세가 인두를 접종하였고, 이에 따라 보급률은 더욱 올라갔다. 그러나 간단하고 편리하다는 장점에도 인두를 맞은 사람들이 외려 천연두로 사망하거나, 다른 이들에게 병을 퍼뜨리고 다니는 등의 문제는 여전히 해결되지 않은 상태였다.

여느 의사와 마찬가지로 에드워드 제너(Edward Jenner, 1749~1823)는 사람들에게 인두를 접종하곤 했다. 다만 그가 근무하던 글로스터셔에는 다음과 같은 이야기가 알려져 있었다. 우두를 앓고 있는 소에서 젖을 짜고 나면 때로 손에 고름집이 생기는데, 그러고 나면 천연두에 걸리지 않는다는 것이었다. 바로 이 점에 착안해, 벤저민 제스티(Benjamin Jesty, 1736~1816)라는 농부와 몇몇 사람들은 천연두를 예방할 요량으로 사람들에게 우두에서 얻은 두묘를 접종했다. 그러나 결정적인 실험을 통해 우두법의 효과를 증명하고, 이를 사람들에게 널리 퍼뜨린 일은 제너의 업적이었다. 1796년, 우유를 짜는 세라 넴스(Sarah Nelmes)의 손에서 두묘를 채취한 제너는 아직 천연두를 앓지 않은 제임스 핍스(James Phipps)에게 접종을 시행하였다. 욱신거리는 팔에는 딱지가 앉았고, 며칠 동안 열이 올랐지만 이내 가라앉았다. 6주의 시간이 흐르고 제너는 핍스에게 다시 천연두를 접종했다. 핍스는 병에 걸리지 않았다. 이는 면역이 생겼음을 의미했다.

제너는 새로운 발견을 담아 논문을 투고했지만, 왕립협회는 게재를 거부했다. 결국 1798년 제너는 사비를 털어 글을 발표했다. 제목은 '백신', 소를 뜻하는 라틴어 단어 'vacca'에서 따온 말이었다. 그러나 새로운 방법은 곧 반대를 마주했다. 어쩌면 당연한 일이었다. 사람들은 우두법이 동물에서 나온 물질로 사람을 '오염'시키는 일이라 생각했다. 또다른 문제도 있었다. 역사가들은 초기 우두법의 결과에 대해 의문을 품고 있다.

당시 사용되었던 두묘가 천연두에 오염되었을 가능성이 있기 때문이다. 이렇게 된다면 이는 우두법이 아닌 인두법이 된다. 아무튼, 제너의 업적은 영국 안팎으로 빠르게 퍼져나갔다. 제너는 영국 의회로부터 두 번의 상을 받았고, 백신의 확산이라는 대의에 자신을 오롯이 바쳤다.

"예방할 수 있다면, 왜 아직 예방되지 않았소?" 훗날의 에드워드 7세가 의사들에게 물었다. 좋은 질문이었다. 그러나 질문이 좋다고 답까지 명쾌할 수는 없다. 오히려 비용 문제가 해결되어야 하고, 정치적 혹은 의학적 의지가 뒷받침되어야 하며, 균등한 교육이 이루어져야 한다는 어딘가 맥빠지는 답이 현실에 가깝다. 제너의 예견처럼 천연두는 1979년에 박멸되었다. 그러나 이는 예외적인 경우일 뿐이다. 의학의 여러 영역 가운데, 질병을 예방하는 일은 늘 찬밥 신세였다. 사실 산업화가 진행되는 사회에서는 그보다 더 시급한 일도 없지만 말이다.

콜레라와 가난: 공중보건의 동력

역사가들에 따르면, 19세기의 공중보건 운동은 온 세계를 덮쳤던 콜레라에 대응하기 위한 노력이었다. 콜레라를 겪으며, 사람들이 지역사회의 질병에 관심을 두게 되었다는 주장이다. 첫 유행은 1817년에서 1823년 사이에 있었다. 인도에서 시작한 콜레라는 중동과 북아프리카로 퍼진 이후 사그라들었다. 1827년, 인도 동부에서 두번째 유행이 시작되었을 때, 유럽인들은 근심에 빠졌다. 콜레라가 유럽을 향하던 4년의 세월 동안 여러 유럽 국가는 인도에 대표단을 파견하였다. 실태를 조사하여 어떻게든 유럽으로의 확산을 막아볼 심산이었다.

두 가지가 문제였다. 먼저 서양인들에게 콜레라는 낯선 질병이었다. 다시 말해, 콜레라는 열대 지방의 식민지 주민들이나 겪어보았을 '이국'의 병이었다. 그러나 낯설디낯선 이 병은 결국 유럽을 지나 북아메리카에까지 다다랐으며, 끔찍한 증상과 높은 사망률로 의료인들을 고민에 빠뜨렸다. 낯선 전염병 앞에서 많은 이들은 페스트를 떠올렸다. 서구 사회에서 사라진 줄만 알았던 림프절 페스트가 혹시 다시 돌아온 건 아닐까? 불안한 일이었다.

두번째 문제는 확산의 패턴을 알 수 없다는 점이었다. 유행병을 설명하는 방식에는 장기설(瘴氣設)과 감염설, 두 가지가 있었다. 장기설에 따르면 질병은 공기를 통해 퍼졌다. 다시 말해, 질병은 공기의 상태가 좋지 않거나 나쁜 물질이 떠다닌 결과였다. 쓰레기나 배설물 등 썩어가는 유기물이 범인으로 지목되었다. 사실 불쾌하거나 나쁜 냄새를 내뿜는 것이라면 무엇이건 의심을 받을 수 있었다. 장기설의 힘은 이해하기 쉽다는 점에 있다. 왜 한꺼번에 많은 이들이 병에 걸리는가? 같은 장소에서 같은 공기를 마시기 때문이다. 이로써 '건강한' 지역과 '건강하지 못한' 지역이 나뉘었다. 『히포크라테스 전집』의 「공기, 물, 장소에 관하여」와 유사한 사고방식이었다. 지금껏 마주하지 못했던, 그러나 열대 지방에서 처음으로 맞닥뜨린 질병을 이해하기 위해 사람들은 장기설을 꺼내들었다. 그리고 이를 바탕으로 새로운 질병이 '온대 기후'의 결과라는 결론을 냈다. 열과 습기가 가득한 후텁지근한 날씨와 처음 보는 식물이 자라나는 이국의 풍경은 이러한 추론을 뒷받침했다.

감염설의 설명은 달랐다. 유행병은 병을 앓는 이로부터 그렇지 않은 이에게 전파되는 방식으로 퍼져나갔다. 병자를 간호하던 사람이 오히려 병에 걸리고 마는 이유가 어디 있겠는가? 감염설은 유행병의 또다른 측면을 설명해주었다. 또한, 사람들은 감염설을 바탕으로 환자와 맞닿지 않으려는 자신의 본능적인 소망을 정당화할 수 있었다. 검역 또한 마찬가지였다. 그러나 한편에서 감염설은 사회 주변부 집단에 낙인을 찍는 핑계가 되기도 했다. 집단적인 공포에 사로잡힌 이들은 소수자 집단을 유행병의 원인으로 몰아세웠다.

한편, '우연적 감염설'이라는 절충 이론도 있었다. 명확함을 포기하는 대신 유연성을 택함으로써 장기설이나 감염설이 아우르지 못하는 부분까지 설명하려는 이론이었다. 절충 이론에 따르면, 질병이란 상황에 따라 공기와 접촉 모두를 통해 전파될 수 있었다. 예를 들면 질병은 오염된 공기를 통해 지역사회에 유입될 수 있는데, 질병에 걸린 이들이 감염원이 되어 또다시 질병을 확산시키는 일도 가능했다. 이처럼 '우연적 감염설'은 여러 이론을 뒤섞었고, 그 결과 사태를 빠짐없이 설명할 수 있었다. 그러나 불행하게도 모든 것을 설명하는 이론은 때로 아무것도 설명하지 못하게 마련이다.

천연두나 홍역과 같은 몇 가지 병들은 감염설의 틀 속에서 이해될 수 있었다. 그러나 전염병 대부분은 어딘가 아리송한 방식으로 발생하고 퍼져나갔다. 후에 등장한 세균 이론이 전염병 유행에 대한 이해의 틀을 바꾸어놓았지만, 여전히 문제는 있다. 같은 감염원에 노출된 두 사람이 서로 다른 반응을 보이는 이유는 어디에 있는가? 다시 말해, 무엇 때문에 어떤 이는 병에 걸리고 어떤 이는 병에 걸리지 않는가?

세균 이론이라는 합의점이 나타나기 이전, 지역사회는 장기설과 감염설 모두를 받아들였다. 유행병이 돌 때마다 한편에서는 검역과 격리를 시행했고, 또다른 한편에서는 공기를 정화하기 위해 불을 지르고, 새 부리 모양의 가면을 써서 나쁜 공기를 피하고자 했다. 그래도 성이 차지 않을 때는 이 모든 일을 동시에 했다.

장기설인가, 감염설인가? 콜레라의 유행으로 케케묵은 논쟁이 다시 수면 위로 떠올랐다. 유럽을 향한 콜레라의 서진(西進)을 감시하기 위해 파견된 대표단은 뒤섞인 반응을 보였다. 어떤 이는 감염설에 따라 격리와 검역을 실시해야 한다고 주장했고, 또 어떤 이는 공기가 문제이므로 배수를 개선하고 도로를 청소하는 등의 위생 상태 개선이 우선이라고 주장했다. 다양한 의견 앞에서 유럽 각국의 정부는 결국 사람과 상품을 검역하고 감시하는 방식을 택했다. 오래된 방법으로의 회귀였다.

자유방임주의의 고향인 영국도 예외는 아니었다. 1830년 서유럽에 콜레라가 도달하자 영국은 어쩔 수 없이 검역을 실시하였다. 그러나 노력이 무색하게도 1831년 말, 콜레라는 영국 북동쪽의 선덜랜드 항을 통해 유입되었고, 무서운 속도로 퍼져나가 1832년 초에는 런던에 닿았다. 공기가 원흉이라는 장기설과 사람이 문제라는 전염설 모두를 만족하게 하는 결과였다. 무엇이 옳건 간에 검역 체계가 제 역할을 하지 못했다는 사실만큼은 분명했다. 그 이후로 영국에서는 장기설과 감염설 모두에 따라, 항구 감시와 의심 환자 격리가 동시에 시행되었다. 세계 제일의 해양 강국이었던 영국에게는 뼈아픈 손실이었다. 검역은 비용도 비용이거니와 여러모로 무역에 방해가 되기 때문이었다. 1851년부터 정기적으로 개최된 국제위

A LONDON BOARD OF HEALTH HUNTING AFTER CASES LIKE CHOLERA

15. 콜레라를 찾아 헤매는 런던 보건위원회. 콜레라가 한창이던 1830년대에도 사람들은 정부를 풍자하는 글과 그림을 발표하곤 했다. 이 그림을 보라. 실크해트를 쓴 관료들이 유행병의 범인인 냄새를 찾고 있다. 한구석에서는 돼지 한 마리가 어안이 벙벙한 표정으로 이들을 지켜본다.

생회의에서 영국과 영국령 인도는 검역의 관례화에 반대했다. 빤한 경제적 영향을 고려한 주장이었다.

초기 영국 공중보건 운동을 이끌던 에드윈 채드윅(Edwin Chadwick, 1800~1890)은 장기설의 열렬한 지지자였다. 변호사였던 그는 공리주의 철학자이자 개혁가인 제러미 벤담의 마지막 비서이기도 했다. 공리주의의 모토는 '최대 다수의 최대 행복'이다. 채드윅은 벤담으로부터 이익과 행복을 동일시하는 태도와 효율성의 원칙을 배웠다. 공중보건에 발을 들인 계기는 빈곤 문제에 대한 관심이었다. 특히 가난과 극빈의 문제를 해결하기 위한 사법적 수단인 구빈법(救貧法)이 채드윅의 이목을 끌었다. 16세기 말에 만들어진 엘리자베스 구빈법은, 급격한 산업화와 도시화가 진행중이었던 영국 사회에 적합하지 않았다. 낡아빠진 법으로는 계절 실업과 도시 빈곤, 계급의식의 성장 등이 관찰되는 산업화 시대의 임금 경제 체제를 다룰 수 없었기 때문이다.

1832년은 유럽에서 처음으로 콜레라가 유행한 해이기도 했지만, 다른 의미에서도 다사다난한 시기였다. 먼저 의회에서는 '선거법 개정안'이 논의되고 있었다. 산업화와 그에 따른 인구 이동에서 비롯한 선거구와 현실의 괴리를 바로잡고 선거권을 확장하기 위함이었다. 또 한편으로 의회는 구빈법 위원회를 발족하여 엘리자베스 구빈법을 점검하고 개혁하고자 했다. 토머스 맬서스의 『인구론』이 빚어낸 결과였다. (초판은 1798년에, 여섯번째 개정판은 1826년에 발간되었다.) 『인구론』에서 맬서스는 빈민 구제의 양면성을 지적했다. 빈민을 살려둔다면 그저 후대의 가난을 가중할 뿐이라는 주장이었다. 맬서스가 가다듬은 '인구의 법칙'은 다음과 같다. 생물은 늘 실제로 살아남을 수 있는 수보다 많은 후손을 남긴다. 엄혹한 법칙 앞에 인간 역시 예외는 아니다. 인구는 기하급수적으로 늘어나는 반면 식량은 산술급수적으로 증가하기 때문이다. 이러한 상황 속에서 인구는 질병과 궁핍, 전쟁, 악덕, 빈곤 등에 의해 겨우겨우 적정 수준으로 유지되고 있다. 따라서 이러한 과정에 인위적으로 개입하여 빈민을 살려두는 일은 장기적으로 좋지 않은 결과를 낸다.

사실 『인구론』이 가져온 딜레마는 1832년에 설치된 왕립구빈법조사위원회가 마주한 수많은 쟁점 중 하나에 지나지 않았다. 위원회의 서기를 맡았던 채드윅은 먼저 구빈법의 실태를 파악하는 데 앞장섰다. 1만 5000여 개의 지방 교구가 조사의 대상이었다. 16세기 말, 엘리자베스 1세 치하에서 시작된 구빈법은 질병이나 부상, 실업 등의 이유로 생계가 곤란해진 이들을 보호하기 위해 제정되었다. 그러나 정적인 농촌 사회를 대상으로 설계된 법은 시간이 지나며 실효성을 잃어갔다. 산업화와 도시화가 진행되면서 점차 유동적인 사회로 변해갔

16. 1872년에 그려진 귀스타브 도레의 〈런던: 순례 여행〉. 런던은 유럽 최고의 부와 규모를 자랑했지만, 뒷골목의 모습은 달랐다. 가난한 이들은 콩나물시루 같은 컴 컴한 골목에서 이리저리 부대끼는 삶을 살았다.

기 때문이다. 특히 나폴레옹전쟁이 끝난 1810년대, 집으로 돌아온 수천 명의 군인이 한꺼번에 실업자가 되면서 구빈법은 위기에 봉착했다. 조사 결과 구빈법은 각 교구마다 제 나름의 방식으로 집행되고 있었고, 공리주의자 채드윅에게 이러한 상황이 마뜩할 리 없었다. 1834년에 간행된 최종보고서에는 조직의 간소화와 통합을 주문하는, 그리하여 모두가 비슷한 규칙과 규정에 근거하기를 바라는 내용이 담겨 있었다. 이 보고서는 같은 해 시행된 신구빈법의 근간이 되었다.

엄혹함으로 악명이 높았던 신구빈법은 1929년까지 빈민 구제의 기조로 작동했다. 채드윅은 새롭게 설치된 왕립구빈법위원회에서 전권위원의 자리를 맡고 싶었지만, 서기 자리에 만족해야만 했다. 그러나 신구빈법을 집행하며 채드윅은 가난과 질병의 관계에 눈을 떴다. 사실 의사들은 이미 경험을 통해 알고 있는 부분이었다. 유행병은 가지지 못한 이들을 먼저 덮쳤고, 이는 밀집된 주거환경과 열악한 식사, 남루한 생활환경 탓이었다. 채드윅의 시선을 사로잡은 사실은 사람들이 구호를 신청하는 이유였다. 가장이 병에 걸려 일을 하지 못하는 경우가 많았기 때문이다.

질병은 이러한 방식으로 한 가족을 가난에 빠뜨릴 수 있었다. 그러나 이 명제의 역은 어딘가 미묘했다. 질병이 가난을 일으킨다면, 가난은 질병의 원인일 수 있을까? 채드윅을 비롯한 그 시절의 사람들은 가난에 도덕의 굴레를 씌우곤 했다. 가난의 궁극적인 원인은 개인의 결함에 있다. 경솔하게 짝을 맺고, 저축을 하지 않고, 술 따위에 재산을 탕진하기 때문에 가난할 뿐이다. 그들은 그렇게 생각했다. 그럼에도 질병은 여전히 가난의 한 원인이었다. 병을 예방한다면 가난을 줄일 수 있고, 이로써 구빈세의 부담을 덜 수 있으리라는 전망이 제시되었다. 채드윅은 장기설을 믿었고, 따라서 콜레라나 발진티푸스, 성홍열과 같은 여러 병이 부패하는 유기물의 악취에 의해 발생한다고 생각했다. 해결은 간단했다. 청결이었다. 불결이 병을 일으키므로, 청결은 '불결병'을 예방할 것이었다.

1834년과 1842년 사이 8년의 세월이 흐르는 동안, 채드윅은 구빈법 개혁가가 아닌 공중보건 운동가가 되어 있었다. 그리고 이 시기, 공중보건 운동의 고전인 『영국 노동 인구의 위생 상태에 대한 보고서Report on the Sanitary Condition of the Labouring Population of Great Britain』를 발표했다. 채드윅은 통계를 바탕으로 도시와 농촌, 부자와 빈자 각각의 사망률과 출생 시 기대여명을 조사했고, 충격적인 결과를 정리하여 발표하였다. 출생신고와 사망신고, 혼인신고가 1837년에 시작되었으니, 당대로서는 최신의 기법이었다. 또한, 그는 불결병을 해결하기 위해 '수도 공급과 하수처리의 동정맥'을 도입하자고 제안했다. 각 가정에 상수도를 보급한다면 청결을 지키기가 더욱 쉬워지며, 방수 처리가 된 미끄러운 관을 통해 하수를 처리한다면 오물통과 지반 오염의 문제가 해결되리라는 생각이었다. 더 나아가, 도시에서 나온 하수를 처리하여 비료로 만들 수도 있었다. 이렇게 되면 농부들에게 비료를 판매하여 수익을 올리고, 농작물 수확량을 개선하여 영양 상태의 개선을 기대하는 일도 가능했다. 모든 문제에 대한 해결책은 될 수 없었겠지만, 어찌되었건 채드윅이 내놓은 공학적인 해답은 굉장히 깔끔했고, 그 자체로는 그리 나쁘지 않았다.

1848년, 채드윅에게 뜻을 펼칠 기회가 찾아왔다. 콜레라의 재발이었다. 채드윅은 세 명의 위원을 주축으로 조직된 보건위원회의 위원으로 위촉되었다. (이후, 네번째 위원으로 의사가 임명되었다.) '공중보건법'은 지방정부에 많은 권한을 부여했다. 의무담당관을 예로 들 수 있다. 각 지방의 의무담당관은 원칙적으로 일반사망률이 1000명 중 23명을 넘길 때 의무적으로 선발되는 직책이었다. 그러나 '공중보건법'은 납세자의 10퍼센트 이상이 청원할 경우에도, 각 지방정부가 임의로 의무담당관을 임명할 수 있도록 허용하였다. 결국, 이러한 임의 조항은 트로이의 목마가 되어 돌아왔다. 의무담당관의 활동에 따라 사람들이 질병 예방의 중요성을 인식하면서, 의무담당관의 임명을 법으로 강제해야 한다는 요구가 생겨났던 탓이다. 자유방임주의 사회의 느슨한 법령은 때로 이와 같은 과정을 통해 성문화된다. 지금도 그러하다. 한 가지 사회문제에 대한 조사는 다른 문제를 드러내게 마련이다.

채드윅은 죽을 때까지 불결병과 청결에 대한 신념을 포기하지 않았다. 한편, 콜레라가 다시 유행하던 1854년에는 원치 않게 공직에서 물러나야만 했는데, 그가 밀어붙이던 법안에 강제성을 띤 요소가 많았을 뿐 아니라, 독선적인 성정 탓에 정적이 많았기 때문이다. 그러나 그의 실각과 함께 주춤했던 여러 법안은 후에 잘게 쪼개져 가랑비에 옷이 젖듯 하나씩 통과되었다.

그러는 동안 불결병의 개념은 다시 정립되었다. 뒤늦게 알려진 사실이지만 콜레라가 유행하던 1854년, 이탈리아의 현미경학자 필리포 파치니(Filippo Pacini, 1812~1883)는 콜레라의 원인이 되는 미생물을 밝힌 바 있었다. 같은 시기 런던의 마취과 의사이자 유행병학자, 개원의였던 존 스노(John Snow, 1813~1858)는 콜레라가 공기가 아닌 물로 전파된다는 사실을 증명했다. 콜레라가 처음으로 유행하던 1831년과 1832년에는 수습생 신분이었지만, 같은 병이 다시 마수를 뻗치던 1848년과 1854년에는 이미 야심 있는 의사가 되어 터를 닦은 후였다. 스노는 1848년의 자료를 읽으면서 배설물로 오염된 물이 콜레라를 매개한다는 생각을 품었으며, 1854년에 두 번의 역사적인 공동체 실험을 시행함으로써 자신의 가설을 증명했다. 런던 중심부 소호의 브로드 가, 그러니까 오늘날의 브로드 윅 가에는 이제 전설이 된 펌프가 하나 서 있다. 모든 집에 수도가 설치되지는 않았던 시절, 사람들은 펌프에서 물을 길어다 마시곤 했다. 콜레라가 창궐했을 때, 스노는 집집마다 찾아다니며 사람들이 어떤 펌프를 이용하였는지 조사했고, 이로써 몇 군데의 펌프가 질병을 퍼뜨린다는 사실을 밝혀냈다. 뒤이어 펌프의 저수조가 하수에 오염되었다는 점이 추가로 드러났다. 조사 이후 사람들의 이용을 막기 위해 펌프의 손잡이가 제거되었다. 물론 이미 유행병이 소강상태였던 터라 실질적으로는 별다른 의미가 없었지만, 어떻게 보면 사람들의 관심을 끄는 데에는 이만한 일도 없었다.

스노는 연구를 계속 진행했고, 두번째 조사 결과를 발표했다. 이번에는 수도 회사에 따른 발병률의 차이였다. 당시에는 두 개의 수도 회사가 템스 강에서 물을 끌어다 쓰고 있었다. 한 회사는 하수가 버려지기 이전의 상류에서 길어올린 물을 정수 처리하여 공급하였고, 다른 회사는 하수가 흐르는 하류에서 물을 퍼다 정수하지 않은 채 그대로 내보냈다. 같은 길을 걷고, 비슷한 집에 살며, 같은 공기를 마시지만, 어떤 이들은 앞의 회사에서, 또 어떤 이들은 뒤의 회사에서 물을 받아 마셨다. 스노에 따르면, '나쁜' 회사의 물을 마시는 사람이 콜레라에 걸릴 확률은 '좋은' 회사를 이용하는 사람이 걸릴 확률의

13배였다.

우리가 보기에 스노의 증거는 명백하고 타당하다. 그러나 당대인의 생각은 달랐다. 콜레라의 특징과 원인은 그 이후로도 수십 년 동안 논쟁의 대상이었고, 심지어 세균학의 시대였던 1884년에 로베르트 코흐가 원인균을 밝힌 뒤에도 마찬가지였다. 오래된 사고방식은 좀처럼 사라질 줄 몰랐다. 물론 1890년대 함부르크에서 콜레라가 유행할 때에는 스노가 활동했던 시절보다는 좀더 많은 이들이 코흐의 말에 귀를 기울였다. 코흐의 증거가 더 강력했기 때문일까? 아니, 스노의 증거 역시 충분했다. 그러나 근대 의학의 진정한 영웅은 과학이 등장하고 나서야 비로소 나타날 수 있었다. 이에 대해서는 다음 장에서 다룬다.

공중보건 행정의 수립

『요한의 복음서』는 "한 처음, 천지가 창조되기 전부터 말씀이 계셨다"로 시작한다. 이제 그 자리에는 숫자가 있다. 우리의 곁에는 시계가 놓여 있고, 우리의 눈은 주가와 주택담보대출 금리의 변동을 훑으며, 우리의 귀는 사상 최고 기온과 최저 기온이라는 말을 듣는다. 현대사회 곳곳에 스며든 숫자는 우리의 삶을 지배한다.

아니나 다를까, 공중보건에서 사용되는 증거 역시 숫자로 되어 있다. 공중보건 운동은 18세기 후반부터 서구 세계를 변화시킨 산업화와 도시화의 산물인 동시에, 수량화된 사고방식의 결과이기도 하다. 공장의 이윤액과 손실액, 증기기관의 효율, 복식부기, 인구주택총조사 등의 숫자 자료가 온 사방에 가득했고, 빅토리아시대의 사람들은 사실과 자료에 압도되었다.

의학과 사회의 수량화는 조사와 감시, 유의성이라는 세 가지 차원에서 조망되어야 한다.

가장 기본적인 차원은 조사이다. 알려진 바와 같이 1832년의 왕립구빈법조사위원회는 최초의 국가 조사를 시행했다. 분명 당대인의 눈에는 매우 낯설었을 테다. 채드윅과 여러 위원은 빈민 구제를 담당하는 각 교구에 질문으로 가득한 설문지를 보냈고, 되돌아온 답변을 정리했다. 또한 채드윅은 1830년대 말, 가난과 인구 밀집, 불결병의 관계에 대한 조사를 주문하기도 했다. 채드윅을 계승한 영국 공중보건 운동의 거두 존 사이먼(John Simon, 1816~1904) 역시 조사를 중요하게 생각했다. 사이먼이 처음으로 했던 작업은 백신의 효과에 대한 조사였다. 강제 접종을 시행할지 말지 결정하기 위함이었다. 유럽 전체를 대상으로 한 이 조사를 바탕으로, 그는 무료 접종이야말로 천연두를 예방하는 최고의 방법임을 확신하게 되었다. 사이먼의 지휘 아래, 영국은 공적 자금을 바탕으로 운영되는 예방접종 체계를 갖추었다. 누구나 무료로 맞을 수 있었지만, 한편으로는 강제성을 띠기도 한 제도였다. 그러나 이러한 과정에서 사이먼은 점점 무기력에 빠졌다. 사람들을 설득하는 일이 그리 쉽지 않았기 때문이다.

19세기 중반, 숫자는 선진국 곳곳에서 진가를 인정받았다. 가난과 아동노동, 공장의 상태, 불량식품, 수도 공급, 매춘, 건축 기준, 유행병 등 의학과 관련된 사회적 쟁점이 철저하게 조사되어 발표되었다. 한 부문에 대한 조사는 다른 부문으로 이어졌다. 이를테면 제대로 된 임금을 받지 못한 채 고된 일을 강요당하는 아동노동 문제에 대한 조사는, 교육과 아동 건강에 대한 관심을 낳았다. 찰스 디킨스의 소설에 등장하는 토머스 그래드그라인드(Thomas Gradgrind)처럼 19세기 유럽인들은 '사실'을 원했고, 그 '사실'은 수량화되어 도표로 제시되었다.[19]

조사가 의학적인 문제와 사회적인 문제를 드러내어 보여준다면, 감시는 상황의 추세를 좇는 보완적인 역할을 담당한다. 감시의 역사는 짧지 않다. 중세 이래로 프랑스의 도살업자들은 감독관으로부터 정기적인 점검을 받았고, 모든 시장은 규정에 따라 열리고 닫혔다. 국경과 항만, 성벽에는 보초병이 서 있었다. 사람과 상품은 검사를 받았고, 페스트와 같은 유행병

17. 백신을 접종하는 의사. 도판 15가 사회에 개입하는 국가를 풍자적으로 표현했다면, 1901년경에 그려진 랜스 캘킨(Lance Calkin, 1859~1936)의 이 그림은 사뭇 다른 분위기를 풍긴다. 의사는 천연두로부터 소녀를 지켜줄 예방주사를 접종하고 있고, 이러한 그의 모습에서는 어떤 권위가 느껴진다.

이 돌 때는 더욱 삼엄한 경비가 이루어졌다. 또한 감시는 절대주의 국가의 군주와 폭군에게도 꼭 필요한 전략이었다. 적군의 오고 감을 알아야 했기 때문이다. 미국 연방수사국(FBI)과 중앙정보국(CIA), 영국 정보청 보안부(MI5)와 소비에트연방의 국가보안위원회(KGB)의 뿌리가 여기에 있다. 이처럼 감시 체계는 건강보다는 보안과 지배에 관련된 제도였다.

19세기 유럽에서는 공중보건 법규의 제정과 함께, 그 시행을 위해 의무담당관과 공장 의사, 검역국 의사 등 다양한 인력들이 나타나기 시작했다. 그리고 공의(公醫)를 비롯한 여러 의사에게는 감시의 역할이 맡겨졌다. 신고 대상 질병이라는 개념도 이때를 즈음해서 나타났다. 이전부터 많은 지역사회는 중앙 당국이 천연두 감염례를 보고받아야 한다고 주장해왔다. 세균학이 발전하던 1880년대를 기점으로 국가는 공중보건에 위해를 끼치는 전염병 목록을 지정하는 한편, 지역사회가 요구하던 신고 체계를 마련했다. 사람들은 천연두와 성홍열, 발진티푸스, 결핵, 매독 등이 공중(公衆)에 가하는 위해가, 그 병으로 고통받는 이들의 자유나 치료받을 권리보다 더 위중하다고 생각했다. 이렇게 의료인들의 업무에는 감시가 추가되었다. 의무담당관 등의 공무원은 물론이거니와 모든 의사에게 주어진 의무였다. 반발이 없지 않았지만 신고에 대한 대가가 지급되면서 어느 정도 수그러들었다.

감시에는 여러 가지 법적, 의학적, 윤리적 쟁점이 얽혀 있다. 이른바 '장티푸스 메리'로 통했던 메리 맬런(Mary Mallon, 1869~1939)의 사례가 대표적이다. 아일랜드에서 태어나 뉴욕에 이민한 맬런은 생계를 위해 부잣집에서 요리사 일을 했다. 20세기 초였다. 문제는 맬런이 코흐가 말했던 '보균상태'였다는 점이다. 다시 말해, 맬런은 아무런 증상을 나타내지 않으면서도 장티푸스균을 퍼뜨리고 있었다. 이렇게 그는 많은 이를 감염시켰고, 보건 당국의 조사 대상이 되었다. 많이 배우지 못한 탓에 무엇이 잘못인지도 몰랐던 맬런은 결국 공중보건에 위해를 끼치는 '범죄'를 저질렀다는 이유로 수용소에 격리되었다.

조사가 새로운 연관성을 밝혀내는 공무원의 임무라면, 감시는 신고 대상 질병을 마주하는 의사의 임무였다. 그리고 또 하나의 새로운 임무인 통계는 상관관계와 인과관계를 이해할 수 있는 훈련된 전문가의 몫이 되었다. 통계는 공중보건과 비슷한 시기에 등장했다. 두 가지 모두 산업화에 대한 반응이기 때문이었다. 통계협회와 공중보건 운동의 구성원은 비슷한 관심사를 공유했다.

확률에 대한 수학이 17세기 말부터 발전하기는 했지만, 19세기 초반만 하더라도 '통계학'은 그리 발달한 분야가 아니었다. 통계협회는 많은 사례를 관찰하여 그것을 도표로 나타내는 데 집중했다. 같은 시기 유럽의 많은 나라는 사망신고 제도를 도입했고, 곧 사인이 도표로 정리되어 발표되었다. 이는 진단 기준의 표준화로 이어지기도 했다. 사망진단서나 병원 연례보고서가 의미 있게 활용되려면 통용되는 기준이 있어야 했기 때문이다. 열이나 황달과 같이 증상에 근거한 질병 분류는 사라져야만 했고, 질병분류학은 또다시 전성기를 맞이했다.

마지막 주제는 '유의성'의 도입이다. 이는 찰스 다윈의 사촌인 프랜시스 골턴(Francis Galton, 1822~1911)의 업적이었다. 유전 현상에 관심이 많았던 골턴은 양친과 조부모, 혹은 그 윗대의 선조들로부터 내려오는 유전적 특질이 후대에 전해지는 정도를 정량화하여 계산하는 방법을 개발했다. 또한, 우생학의 창시자로서 빈곤층과 중산층의 출생률에도 많은 관심을 보였다. 중산층과 달리 빈곤층은 무책임하게 아이를 많이 낳으며, 이것이 사회의 미래에 영향을 미칠 수 있다는 진단이었다. 키와 수명, 근력, 그리고 '성공'과 같은 다양한 인간의 특성이 측정되었고, 이로써 공중보건은 지금껏 다루던 인구 밀집과 불결 등의 환경적 문제뿐 아니라 유전을 함께 다루게 되었다. 다시 말해, 골턴 이후 공중보건은 유전과 환경 모두를 포괄했다.

골턴은 수학을 연구하고, 임상 활동은 하지 않았을지라도 의학도 함께 탐구했다. 그러나 실험과학과 임상의학의 중심에 통계학을 가져다놓은 이는 골턴이 아닌, 그의 제자 칼 피어슨 (Karl Pearson, 1857~1936)이었다. 수집된 자료가 연구자가 세운 가설을 뒷받침하는 정도를 의미하는 유의성이나 그에 관련된 유의확률의 개념 등은 상당 부분 피어슨의 연구에서 비롯하였다. 피어슨은 결핵과 알코올중독에서의 유전성 등을 탐구하였고, 무엇보다도 진화생물학에서 유전이 어떠한 역할을 하는지에 큰 관심을 두었다. 이후 그를 따르는 후학들에 의해, 수학은 새로운 치료법의 효과를 평가하는 임상시험이나 역학 (疫學)의 핵심으로 자리매김했다.

20세기를 거치면서, 공중보건의 기반이 다져지던 시기에 사용되던 단순한 형태의 도표 등은 큰 변화를 거쳤다. 그러나 19세기의 의의만은 여전하다. 사실은 중요하며, 숫자 역시 그러하다. 루이가 병원에서 사용한 '수량적 방법'은 병원 밖으로 퍼져나갔고, 병원과 지역사회, 그리고 실험실에서 수집된 자료는 수학적 평가를 거쳐야만 했다. 오늘날의 의학 연구와 질병 예방 사업에서, 수학과 통계의 중요성은 나날이 커져만 간다.

제 5 장

실험실 의학

의학의 과학화

서양의학에는 언제나 '과학'이라는 꼬리표가 따라붙는다. 물론 '과학'이 의미하는 바는 시간에 따라 달라졌지만 말이다. 히포크라테스주의자들은 자신들의 의학이 과학, 그들의 언어를 빌리자면 '자연철학'의 반열에 올랐다고 생각했다. 갈레노스를 따르는 이들 역시 마찬가지였다. 그렇다면 히포크라테스와 갈레노스의 의학은 어떤 점에서 '과학'이었을까?

첫번째는 합리성을 띄고 있다는 점이다. 합리성이란 주어진 세계관 속에서 진단과 치료라는 행위가 이치에 통하는 상태를 의미한다. 세계관의 내용은 중요치 않다. 체계 내의 정합성만 유지된다면 합리적이라 할 수 있다. 물론 이렇게 따지면 별이 인간의 행동이나 지상의 사건에 영향을 미친다고 가정하는 점성술 의학 역시 합리적일 수 있다. 과학에 대한 이러한 관점은 상대주의에 해당한다. 상대주의의 늪에 빠지지 않기 위해서는 체계의 정합성만을 의미하는 합리성이 아닌, 세계관 그 자체를 구성하는 기본 원칙들을 따져보아야 한다.

두번째는 '경험'에 기반을 두고 있다는 점이다. '경험'을 뜻하는 영어 단어 'experience'는 '실험'을 가리키는 단어 'experiment'의 어원이기도 하다. 여기에 대해서는 조금 뒤에 이야기하자. 어찌되었건 의사들은 나름의 '경험'을 바탕으로 사혈을 시행하기도, 또 우리가 보기에는 어딘가 미심쩍은 치료를 처방하기도 했다. 이러한 치료들은 과연 효과가 있었을까? 어쩌면 이는 그저 착각의 결과였을 수도 있다. 실은 환자의 치유력으로 나았지만, 의사의 치료 덕분에 회복했다고 혼동했을 가능성이 있기 때문이다. 이는 제1장에서 살펴본 인과 설정의 오류, 즉 시간적 선후관계를 인과관계라 오판하는 데에서 비롯한다. 물론 이는 현재를 사는 우리의 생각일 뿐이다. 과거의 사람들은 '합리적'이고 '과학적'인 의학이 무엇인지에 대해 나름의 생각을 갖고 있었고, 여기에 오늘날의 기준을 들이밀 수는 없다.

실험 이야기로 넘어가자. 근대 초기에 들어서면서, 실험실에서 이루어지는 실험이 주목을 받게 되었다. 영어에서 실험실을 뜻하는 단어 'laboratory'는 일을 뜻하는 'labor'라는 단어를 포함한다. 다시 말해, 실험실은 문자 그대로 사람이 일하는 장소를 의미한다. 처음에만 하더라도 실험실이란 그저 한 칸 남짓한 방에 지나지 않았다. 자연의 비밀을 탐구할 만한 여력이 있는 이들은 집 한쪽에 실험실을 두고 이런저런 작업을 진행했다. 물론 실험실이라는 말을 들었을 때, 사람들은 연금술사의 작업실을 가장 먼저 떠올린다. 연금술사들은 용광로와 증류 장치, 시약, 저울, 다양한 크기의 플라스크 등을 이용하여 금이 아닌 금속을 금으로 바꾸는 방법을 탐구했다. 해부학이나 생리학과 같은 생명과학에 관심이 있었던 이들은 해부대와 수술 기구, 줄자나 저울 같은 도구를 갖추기도 했다. 벨기에의 생리학자 얀 밥티스타 판 헬몬트(Jan Baptista van Helmont, 1579~1644)는 작은 버드나무 묘목을 화분에 심고 5년에 걸친 실험을 진행했다. 다른 양분은 주지 않고, 오로지 빗물만 주는 실험이었다. 5년이 지난 뒤, 헬몬트는 나무와 흙의 무게를 재었다. 흙의 무게는 변하지 않았지만, 나무의 무게는 무려 74킬로그램이나 늘어났다. 나무는 흙이 아닌 물을 먹고 성장한다고, 헬몬트는 결론내렸다. 한편 이탈리아에서는 산토리오 산토리오(Santorio Santorio, 1561~1636)가 자신의 몸무게를 측정할 수 있는 의자를 만들었다. 먹은 음식과 배설물의 무게를 꼼꼼하게 기록했던 산토리오는 둘 사이에 차이가 있음을 알아차렸다. 그가 보기에 이는 호흡이나 발한 등에 의해 자신도 모르게 물질이 빠져나가는, '무감각발한' 때문이었다. 2장에서 언급한 하비 역시 뱀과 두꺼비와 같은 냉혈동물을 해부하였다. 심장박동을 자세하게 관찰하여 '심장의 움직임'과 혈액의 순환을 이해하기 위해서였다. 마지막으로 스위스의 알브레히트 폰 할러(Albrecht von Haller, 1708~1777)는 살아 있는 동물을 이용하여 여러 가지 실험을 했고, 이로써 외부 자극에 반응하는 근육의 특징인 과민성과 자극을 전달하는 신경의 기능인 감수성을 구별하였다. 실험을 향한 충동은 의학 내에서도 오랜 전통을 자랑한다. 그리고 여기에는 정량화를 위한 열망이 함께했다. 측정하라, 그러면 알 수 있다.

현미경은 초기의 실험실에서부터 쓰이던 도구이다. 역사가들은 19세기 이전의 현미경을 부유한 호사가의 장난감 정도로 치부하곤 한다. 당시만 하더라도 왜곡과 수차(收差)의 문제가 해결되지 않았던 탓이다. 그러나 최근의 연구에 따르면 현미경은 이미 17세기부터 꽤 중요하게 사용되었다고 한다. 짚고 넘어가야 할 인물로는 네덜란드에서 포목상으로 일하며 미생물학을 독학한 안톤 판 레이우엔훅(Anton van Leeuwenhoek, 1632~1723), 그리고 마찬가지로 넉넉지 않은 집안에서 태어났으나 연구의 폭 만큼은 아이작 뉴턴에 비견되는 로버트 훅(Robert Hooke, 1635~1703) 등을 들 수 있다. 훅은 1665년에 출간된 『현미경 도보Micrographia』라는 책에서

'세포'라는 말을 고안하여 사용하기도 했다. 현미경은 사람들에게 새로운 세계를 보여주었고, 활짝 열린 가능성은 기술적인 애로 사항을 압도했다. 청진기가 앞서나가는 임상의의 표징이었듯, 19세기 들어 현미경은 의과학자의 상징이 되었다.

세포: 작디작은

질병을 이해하는 기본단위는 시간의 흐름과 함께 계속해서 작아졌다. 체액설은 신체 전체를 다루었지만, 모르가니는 장기를 탐구했고, 비샤는 조직을 단위로 병리적 변화를 분류하고 분석했다. 다음은 세포였다. 세포보다 작은 구조나 분자 단위에서 질병을 이해하는 오늘날에도 세포는 여전히 탐구의 중심에 놓여 있다.

세포 이론은 1830년대 이후로 많은 이들의 인정을 받았고, 근대 의과학과 생물학의 주춧돌이 되었다. 그런데 '생물학'이라는 말은 1801년으로 거슬러올라가지만 '과학자'라는 말은 1833년이 되어서야 등장한다. 이는 두 단어가 등장한 시점 사이의 몇십 년간 무언가 근본적인 변화가 있었음을 시사한다. 어찌되었건, 19세기 초반이 되면서 생물을 구성하는 단위에 대한 수많은 이론이 발표되었다. 오늘날의 '세포'에 해당하는 학설이 주기적으로 제기되었고, 개중에는 세포핵과 같은 세포 내부의 구조를 서술하는 이론도 있었다. 물론 현미경의 기술적 한계 탓에 생겨난 허상을 실재하는 구조로 착각한 경우도 적지 않았다. 그러나 이런 문제들은 1820년대 후반 즈음 대부분 해결되었다. 그러고 나서 1838년과 1839년, 독일인 과학자 마티아스 야코프 슐라이덴(Matthias Jakob Schleiden, 1804~1881)과 테오도어 슈반(Theodor Schwann, 1810~1882)은 각각 세포가 식물과 동물의 기본단위임을 제안하였다. 슐라이덴과 슈반 모두가 독일인이라는 사실은 우연이 아니었다. 근대 생의학 연구 대부분이 독일의 대학 체계에서 비롯했기 때문이다. 세포 이론을 탐구하던 당시 이미 식물학자로서 대학 강단에 서던 슐라이덴과 달리, 슈반은 갓 대학을 졸업한 젊은 의사였다. 슈반은 의학도 시절부터 저명한 의학자였던 요하네스 뮐러(Johannes Müller, 1801~1858)의 실험을 도왔고, 곧 자신만의 연구를 진행했다. 이때 세포 이론 외에도 발효와 소화에 대해 중요한 발견을 하기도 했으니, 비교적 이른 시기부터 많은 업적을 쌓은 셈이다. 슈반에 따르면, 생물은 세포로 구성되기에 기능의 정상과 병리는 세포의 특성을 바탕으로 이해되어야 했다. 또한 생명현상은 근본적으로 물리적 과정이었다. 예를 들어 원시세포란 발생 과정 초기나 염증 상태에서 '발생모체'라는 무정형의 액체가 결정을 이룬 결과물이었다. 이처럼 슈반은 현미경을 통해 물질로서의 생명을 관찰했다.

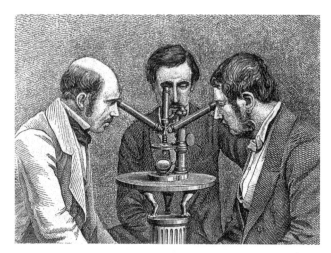

18. 세 개의 접안렌즈가 달린 현미경. 현미경의 문제 중 하나는 한 번에 한 사람만 볼
수 있다는 점이었다. 이를 해결하기 위해 코흐는 카메라로 렌즈에 맺힌 상을 기록
하였다. 하지만 더 재미있는 해결책도 있었다. 그림과 같이 세 명이 함께 관찰하는
방법이었다. 1871년에 개발된 새로운 장치 덕분에 사람들은 확대된 상을 객관적
으로 검증할 수 있게 되었다.

삶의 황혼녘, 슈반은 유물론을 버리고 종교와 철학에 몰두했다. 그러나 그의 세포 이론만은 살아남아 여러 사람에 의해 마름질되었다. 그 가운데에는 19세기 독일 의과학의 총아, 루돌프 피르호(Rudolf Virchow, 1821~1902)가 있었다. 피르호는 점차 군국주의에 물들어가는 독일 사회에서 일평생 자유주의자로 살았다. 젊은 시절에는 정치적 급진주의에 동조하기도 했다. 1848년 독일에서 콜레라 창궐과 함께 혁명이 일어나 베를린이 혁명 상황에 처하자, 피르호는 젊은 의사들로 구성된 개혁파를 이끌며 바리케이드를 지킨 바 있다. 눈엣가시를 처리하기 위해 프로이센 당국은 피르호를 오늘날의 폴란드에 속하는 상부 슐레지엔으로 보냈다. 발진티푸스 유행을 조사하라는 명목이었다. 아니나 다를까, 피르호의 보고서는 정부가 원했던 방향과 전혀 다른 내용이었다. 피르호는 사회적 박탈과 빈곤, 문맹, 정치적 불평등을 유행병의 원인으로 지목했다. 해결책은 민주주의와 교육, 경제 정의의 실현 등이었다. 피르호가 보기에 의사에게는 개혁을 행동으로 옮겨야 할 책임이 있었다. 직업이 직업인지라 질병을 낳는 사회적, 경제적 불평등을 자주 마주하게 마련이고, 그런 탓에 의사는 빈자의 손을 들어줄 수밖에 없다고 생각했기 때문이다.[20]

피르호는 프로이센 하원의원과 베를린 공중보건위원회를 거치며 정치와 위생 개혁 모두에 열성을 다했다. 정치와 위생은 별개의 일이 아니었다. 세포란 몸의 시민이다. 그는 이렇게 사람의 몸을 정치체제에 비유하곤 했다. 워낙에 정력적인 사람이었던 피르호는 인류학과 고고학에도 흥미를 보였고, 몇 권의 학술지와 두꺼운 저술을 편집하기도 했다. 그러나 피르호는 누가 뭐라 해도 병리학자였다. 그가 창간하고 50년이 넘는 세월 동안 직접 편집을 맡았던 병리학 학술지는 오늘날에도 여전히 『피르호 문집Virchows Archiv』이라는 이름으로 발간된다.[21] 병리학자로서 피르호는 현미경의 중요성을 역설했다. 질병의 발생 과정을 이해하기 위해서는 반드시 현미경을 사용해야 한다는 주장이었다. 그런 이유로 피르호의 학생들은 좋든 싫든 현미경에 숙달해야만 했다. 또한 피르호는 세포 이론을 다시 발전시키기도 했다. 그가 보기에 '발생모체'로부터 새로운 세포가 형성된다는 슈반의 주장은 어딘가 의심스러운 구석이 있었다. 대신 그는 '모든 세포는 세포에서 기원한다(Omnis cellula e cellula)', 즉 새로운 세포는 액체가 결정을 이루어서가 아니라, 기존의 세포가 분열함으로써 만들어진다는 주장을 내놓았다. 1850년대를 보내며 피르호는 스스로 창간한 학술지에 일련의 논문을 기고했고, 이로써 세포병리학의 기틀을 마련했다. 1858년에는 뷔르츠부르크 대학에서 보낸 7년간의 교수생활을 정리하고 베를린으로 돌아와 『세포병리학Die Cellularpathologie』을 출간하였다. 세포가 생리적, 병리적 활동의 근본단위인 이유가 어디에 있는지, 그리고 급성염증과 만성염증, 암의 성장과 확산, 외부 자극에 대한 신체의 반응 등을 이해하는 데 세포 이론이 얼마나 유용할 수 있는지 등을 짚어내는 저작이었다. 물론 그가 일반적인 생물학의 문제에 무심했던 건 아니다. 그러나 피르호의 병리학은 언제나 세포를 향했다.

정맥염, 색전증, 암, 그리고 오늘날까지도 제대로 탐구되지 않은 희귀질환인 아밀로이드증 등 다양한 질병을 탐구했던 피르호는 19세기의 병리학계에서 가장 영향력 있는 인물이었다. 베를린에는 피르호가 세운 연구소가 있었는데, 이름 있는 병리학자치고 이곳을 거치지 않은 인물이 없을 정도였다. 때로 피르호는 동물실험을 하기도 했지만, 대부분은 병리 검체를 검사하고 그로부터 알게 된 사실을 환자가 살아생전 호소했던 증상과 연계하여 연구하는 데 집중했다. 그는 또한 여러 가지 현미경 기법의 개발을 목도하기도 했다. 조직을 얇게 잘라 관찰을 용이하게 하는 박절기나, 세포핵과 세포질 속의 구조를 드러내는 염색 기법 등은 피르호 시대의 산물이었다. 마지막으로 피르호가 일종의 실험주의자였다는 사실을 짚고 넘어가자. 그러나 실험병리학은 피르호의 만년이 되어서야 진가를 발휘했다. 세균학의 발전과 함께였다. 피르호는 세균학에 흥미를 느꼈지만 세균 이론을 전적으로 지지하지는 않았다.

세균: 새로운 복음

의학의 만신전(萬神殿)에서 성 루이, 그러니까 루이 파스퇴르(Louis Pasteur, 1822~1895)보다 숭앙받는 이는 없을 테다. 파스퇴르는 의사였지만 정식으로 물리학과 화학 교육을 받았고, 삶 대부분을 실험실에서 보냈다. 늘그막에 병원에 나가기도 했으나, 그저 광견병 백신이 접종되는 모습을 지켜보기 위해서였을 뿐이다. 높아진 실험실의 위상을 실감할 수 있는 풍경이었다.

많은 이들은 근대 의학의 시초로 세균 이론을 꼽는다. 드디어 실제로 효과를 보이는 의학 이론이 나타났다는 이유였다. 그러나 모두가 여기에 동의하지는 않는다. 수정주의 역사가들은 두 가지 지점을 지적한다. 미생물이 발진티푸스나 결핵, 매독, 콜레라, 말라리아, 천연두, 인플루엔자 등의 원인으로 인정받기까지는 수십 년의 세월이 필요했다는 점, 그리고 파스퇴르 사후에도 의학은 오래도록 이렇다 할 효과를 거두지 못했다는 점이다. 실제로도 에이즈나 라사열, 재향군인병 등의 새로운 감염병과 약물내성의 등장, 그리고 서구 사회에서 관찰되는 비감염성 만성질환의 증가와 같은 상황 속에서 세균 이론의 위상은 예전 같지 않다. 버밍엄 대학교의 사회의학과 교수였던 토머스 매커운(Thomas McKeown, 1912~1988)은 1950년부터 발표한 일련의 연구를 통해, 서구 사회의 사망률 감소는 의학이 아닌 영양과 생활수준의 개선에서 비롯한 결과라고 주장했다.

파스퇴르와 코흐의 연구를 비롯한 19세기의 미생물학, 세균학 연구는 분명 흥미롭디흥미로운 작업이었다. 그러나 환자들에게 얼마나 도움이 되었으며, 또 사람들의 삶을 연장하는데 어느 정도나 기여했을지 따져보면, 일정 부분 과대평가된 경향도 없지 않다는 결론에 이르게 된다. 그렇다면 이들 연구의 진정한 의의는 어디에 있을까?

파스퇴르는 세균을 비롯한 여러 미생물을 처음으로 관찰한 사람도 아니고, '질병을 일으키는 병원체로서의 세균'에 대해 처음으로 이야기한 사람도 아니다. 그러나 1850년대 후반부터 본격적으로 진행된 파스퇴르의 연구를 살펴보면, 거저 얻은 이름은 아니라는 생각이 든다. 물론 운이 따라주기도 했지만, 주어진 기회를 의미 있게 엮어내는 일 또한 그리 녹록지만은 않기 때문이다. 파스퇴르는 결정체를 연구하던 도중 미생물에 관심을 두게 되었다. 문제의 물질은 제혁(製革) 산업의 부산물인 타타르산이었다. 화학반응을 통해 생성된 타타르산은 편광(偏光)을 일으키지 않지만, 미생물이 만들어내는 경우에는 달랐다.[22] 파스퇴르는 살아 있는 유기체에 어딘가 특별한 구석이 있다고 확신하였고, 효모와 같이 제빵, 양조, 발효 등에서 산업적으로 이용되는 여러 미생물을 연구하기 시작했다.

다윈의 『종의 기원』이 출간된 직후인 1860년대 초반에는 자연발생을 주제로 한 유명한 실험을 수행하였다. 그 유명한 백조목 플라스크가 사용된 실험이었다. 파스퇴르는 플라스크 내부의 용액을 가열하여 멸균한 뒤, 공기를 통해 미생물이 들어올 수 없도록 주둥이를 길게 늘였다. 그는 이로써 미생물이 자연적으로 발생한다는 주장을 반박하였고, 공적인 논쟁에서 승리를 거두었다.[23]

그러나 다른 이들의 결과는 달랐다. 분명 파스퇴르를 따라 같은 실험을 반복했지만, 그들의 플라스크에서는 때로 미생물이 무리 지어 자라곤 했다. 실험실 기록을 찾아보면 파스퇴르 또한 마찬가지였다. 대신 실험에 실패할 때마다 그는 조용히 기록을 지워버렸다. 파스퇴르는 당시 탄저균과 유사한 고초균을 연구하고 있었다. 고초균은 포자 형태에서 열에 저항성을 보이는데, 아마도 이것이 파스퇴르의 실험에 '부정적인' 결과를 가져왔을 것이다. 파스퇴르는 이러한 사실을 은폐했고, 이렇게 상대편을 무찌를 수 있었다. 언제나 옳은 편만을 기가 막히게 선택하던, 그리고 그렇게 고른 입장을 끝까지 밀어붙이던 인물이었다.

자연발생에 대한 실험과 함께 파스퇴르는 맥주와 포도주의 양조 과정이나 우유의 산패 등, 발효에 관여하는 여러 미생물을 연구했다. 슈반을 위시한 독일의 과학자들이 보기에 발효란 그저 화학반응일 뿐이었지만, 파스퇴르의 생각은 달랐다. 발효가 일어나기 위해서는 살아 있는 유기체가 필요하기 때문이었다. 다시 말해, 발효는 생명의 과정이었다. 파스퇴르는 양조업자들에게 실용적인 지식을 전수해주었고, 우유의 부패를 방지하는 파스퇴르 살균법(pasteurization), 즉 저온살균법을 개발하기도 했다.

이름이 널리 알려지면서 파스퇴르는 1870년 무렵 프랑스 정부로부터 한 건의 조사를 위탁받았다. 양잠업을 위협하는 누에 유행병의 실태를 파악해달라는 요청이었다. 가족과 함께 연구에 착수한 파스퇴르는 곧 원인이 되는 두 가지 미생물을 밝혀내고 예방법을 개발했다.[24] 이 일을 마친 뒤 그는 '세균 이론'에 눈을 돌리고 세균의 병원성을 연구하기 시작했다. 파스퇴르가 집중한 주제 중 하나는 인수공통감염병인 탄저병이었다. 의사 면허가 없던 과학자에게 딱 맞는 질병이었다. 탄저병은 어딘가 특이했다. 대부분의 세균 감염과 다르게 탄저균은 피를 펴 발라 만든 혈액도말표본에서만 관찰되었다. 아무튼, 탄저균이 탄저병의 원인이라고 생각했던 파스퇴르와 경쟁자들은 탄저균을 약하게 만들 방법을 찾아나섰다. 그래야만 예방접종이 가능하기 때문이었다. 만족스러운 결과물을 얻은 뒤, 파스퇴르는 위험한 일을 벌였다. 그는 기자들이 보는 앞에서 농장의 여러 동물에게 예방접종을 시행하고, 병독성이 있는 세균을 주입했다. 다행히 접종하지 않은 동물은 죽었고, 접종한 동물은 살아남았다. 얼마 지나지 않아 이러한 소식은 기자들을 통해 세계 곳곳으로 퍼져나갔다. 이처럼 파스퇴르는 자기선전에 능하고, 언론을 주무를 줄 아는 사람이었다. 한편 파스퇴르는 에드워드 제너를 기리는 마음에서 예방접종에 '백신'이라는 이름을 붙였다.

탄저병 이후, 파스퇴르는 유명인이 되었다. 이제 마지막 대상은 광견병이었다. 사람들은 광견병을 몸서리치게 두려워했다. 병 자체는 그리 흔하지 않았지만, 죽음에 이르는 과정이 너무나 끔찍했기 때문이었다. 그러나 파스퇴르는 광견병의 병원체를 볼 수 없었다. 오늘날 우리가 알고 있듯 광견병은 바이러스에 의해 걸리는 질병이다. 그리고 바이러스는 너무나 작아서 광학현미경으로는 관찰되지 않는다. 따라서 파스퇴르가 연구를 진행하던 시절만 하더라도, 그저 증상을 바탕으로 무언가 있겠거니 미루어 짐작하는 정도가 최선이었다. 천연두, 황열병, 홍역, 인플루엔자 등도 마찬가지였다. '바이러스'라는 말은 새로운 대상을 가리키게 되었다. 그 전까지만 해도 '독'이라는 의미로 사용되던 '바이러스'는 20세기 초반이 되면서 '여과성 바이러스' 즉, 세균과 달리 거름종이에 걸러지지 않는 작은 미생물을 가리키는 말이 되었다. 바이러스의 확인과 분류는 시간이 지나 조직배양이 개발되면서, 그리고 무엇보다도 전자현미경이 발명되면서 비로소 가능하게 되었다.

광견병 '바이러스'는 보이지 않을 뿐만 아니라, 배양법조차 확실치 않은 미생물이었다. 파스퇴르는 광견병이 신경계를 침범한다는 사실에 착안하여 토끼의 척수를 연구했다. 그리고 이를 바탕으로 광견병의 '독력'을 조절하는 방법을 알게 되었다. 잠복기는 또다른 기회를 의미했다. 광견병에 걸린 동물에게 물린 시점과 증상이 발현하는 시점 사이에는 어느 정도의 시간이 있었고, 이 기간에 병을 이겨낼 힘을 기를 수 있다면 광견병을 치료하는 일도 가능할 터였다. 그러나 헤아릴 수 없는 변수가 너무 많았다. 만약 오늘날이라면 파스퇴르의 연구는 계획서 단계에서 탈락했을지도 모르겠다. 게다가 당대에는 광견병이나 바이러스에 대해 그다지 알려진 바가 없었다. 만약 고대 그리스인이 파스퇴르를 보았다면, 필경 '오만'이라는 단어를 읊조렸을 테다. 그렇다면 파스퇴르는 그리스비극에 나오는 영웅들의 전철을 밟았을까? 그렇지 않았다. 파스퇴르는 결국 광견병 백신을 만들어냈고, 이로써 이름 있는 과학자 루이 파스퇴르를 넘어, 과학의 성인 성 루이가 되었다. 첫번째 환자 조제프 메스테르(Joseph Meister)를 시작으로 많은 환자가 파스퇴르의 치료를 받고 살아났다. 전 세계로부터 찬사가 이어졌다. 초를 다투는 질병이었지만 유럽 저 멀리에서도 환자가 밀려들었다. 의학 연구의 가치를 알게 된 사람들은 기꺼이 지갑을 열었다. 막대한 양의 기부금이 파리의 파스퇴르 연구소를 향했다. 1888년에 화려하게 문을 연 연구소는 곧 프랑스 국경 이쪽저쪽으로 분소를 설치했다. 백신을 비롯한 여러 생물학적 제제를 생산하기 위함이었다. 파리에서도 백신을 만들기는 했지만, 분소와 달리 본부의 일차적 목표는 연구에 있었다. 파스퇴르는 생의 마지막 7년을 연구소에서 보냈다. 그는 연구소에서 살고 죽었으며, 연구소에 묻혔다.

로베르트 코흐도 파스퇴르처럼 여러 연구소의 소장을 맡았다. 그러나 코흐의 연구소는 대개 독일 정부의 돈으로 운영되었다. 과학을 바라보는 프랑스와 독일의 관점이 달랐기 때문이다. 두 나라의 관계는 냉랭했다. 1870년부터 1871년까지 벌어진 프로이센·프랑스전쟁으로 비스마르크가 이끄는 독일군에게 프랑스가 대패한 이후였다. 과학은 국제적이고 객관적이며 인종과 종교, 국적, 성별을 초월한다고 여겨지곤 한다. 현실은 그렇지 않았다. 코흐와 파스퇴르는 사석과 공석 모두에서 적대감을 드러냈다. 파스퇴르는 독일의 본 대학에서 받은 학위를 반납했고, 독일산 맥주를 입에 대지 않았다. 코흐 역시 프랑스인의 미생물학과 면역학을 꺾어버리고자 연구에 매진했다. 이따금 국제 학회에서 마주칠 때도, 둘 사이에는 딱딱하고 차가운 인사가 오갈 뿐이었다.

세균학이 시작될 무렵, 파스퇴르와 코흐 모두 괄목할 만한

19. 흰토끼 두 마리를 안은 파스퇴르. 19세기의 과학자 가운데 루이 파스퇴르만큼 삽
화에 자주 등장한 인물도 없다. 1887년 『허영의 시장Vanity Fair』에 등장한 파스
퇴르를 보자. 광견병 연구에 중요하게 이용된 흰 토끼를 들고 있다. 『허영의 시장』
은 1868년부터 1914년까지 간행된 주간지로, 당대의 흐름을 예리하게 포착하여
그림에 담곤 했다. 여기에 실렸다는 사실은 곧 유명세를 의미했다.

성과를 거두었다. 하지만 과학을 행하는 방식만큼은 완전히 달랐다. 파스퇴르는 미생물을 배양할 때 플라스크를 선호했다. 배양액도 계속해서 갈아주었다. 그리고 연구 노트는 가까운 동료들에게만 공개했다. 그보다 한 세대 젊었던 코흐는 좀더 정확한 기법을 구사했다. 현미경 사진술을 도입하여 더욱 객관적인 자료를 만들어 공개하였고, 고형배지인 우무배지에 세균을 배양하여 오염의 문제를 해결하는 한편, 기구의 소독법을 고안하기도 했다. 유명한 페트리접시를 개발한 율리우스 리하르트 페트리(Julius Richard Petri, 1852~1921) 역시 코흐의 제자였다. 차이는 그뿐만이 아니었다. 코흐가 의학에 초점을 둔 세균학자였다면, 파스퇴르는 작은 세계에 매료된 미생물학자였다. 또한 파스퇴르의 삶은 죽는 그 순간까지 빛나는 승리로 가득했지만, 코흐는 젊은 시절에 영광을 누렸을 뿐 늘그막에는 이렇다 할 성과를 내지 못했다.

코흐의 첫번째 업적은 탄저균에 대한 연구였다. 프로이센 · 프랑스전쟁이 끝나고 개업의로 일하던 시절이었다. 코흐의 연구를 통해 흙 속에 틀어박혀 휴면포자의 형태로 몇 년의 시간을 보내는 탄저균의 복잡한 생활주기가 밝혀졌다. 연구 성과에 큰 감명을 받은 옛 스승은 제자를 위해 연구 설비를 지원해주었다. 이어지는 연구 역시 경이로움 그 자체였다. 상처감염에서 세균이 어떠한 역할을 하는지 밝혀내는 동시에, 1882년과 1884년에는 19세기의 골칫거리였던 결핵과 콜레라의 원인균을 알아냈다. 이는 기술 혁신의 결과이기도 했다. 결핵균은 배양이 까다롭고, 느리게 자라며, 염색이 어려웠던 탓에 연구가 쉽지 않았기 때문이다. 많은 이들은 결핵의 원인이 개인의 기질이나 환경에 있다고 생각했다. 세균은 유력한 후보가 아니었다.

코흐의 또다른 업적은 인도에서 작성된 콜레라 조사 보고서에 담겨 있다. 1883년 독일과 프랑스는 이집트의 콜레라 유행을 살피기 위해 조사단을 보냈다. 프랑스 조사단의 처지는 처참했다. 촉망받던 젊은 미생물학자 한 명이 사망했고, 조사를 통해 새롭게 알아낸 사실도 전무했다. 코흐는 자신이 이끌던 독일 조사단이 콜레라의 원인균을 찾았다고 생각했지만, 장담할 수는 없었다. 장내에는 수많은 세균이 살고 있어, 무엇 하나를 꼭 집어서 이야기하기가 힘들기 때문이었다. 코흐는 콜레라의 진원지인 인도로 향했다. 그리고 사람들이 쓰는 물과 환자의 배설물에서 쉼표 모양의 미생물을 발견했다. 그러나 코흐의 발견은 오래도록 인정되지 못했다. 오물과 오수, 지하수 등이 콜레라의 근본 원인이라 여겨지던 시절이었다. 독일의 저명한 위생학자 막스 폰 페텐코퍼(Max Joseph von Pettenkofer, 1818~1901)는 질병이란 여러 요인이 상호작용한 결과라고 주장했다. 세균은 그저 질병의 발생에 영향을 줄 수

20. 연구실에서의 로베르트 코흐. 코흐는 대개 현미경을 들여다보는 모습으로 그려진다. 플라스크와 페트리접시와 같은 여러 실험 기구에 둘러싸여 연구에 매진하는 그를 보라. 1896년 혹은 1897년, 남아프리카를 방문했을 때의 모습이다. 과학이 있는 곳이라면 그 어디건 실험실이 될 수 있었다.

있는 한 가지 요소에 지나지 않았다. 페텐코퍼는 코흐의 주장에 반박하기 위해 사람들 앞에서 세균이 담긴 액체를 들이마셨고, 다행하게도 약한 설사를 앓았을 뿐 콜레라에는 걸리지 않았다. 코흐의 발견을 둘러싼 찬반 토론은 1890년대까지 이어졌다. 상황이 변한 건, 러시아 출신의 세균학자 발데마르 하프킨(Waldemar Haffkine, 1860~1930)이 콜레라 백신을 개발한 뒤의 일이었다. 마침 대변-구강 경로라는 콜레라의 확산 방식이 밝혀짐으로써 여러 역학적 문제가 해결되기도 했다.

1890년대를 기점으로 의학계의 중론은 세균 이론에 대한 찬성으로 모였다. 사람들은 이제 여러 가지 병의 원인균을 찾는 데 혈안이 되었다. 면역과 감염의 병태생리, 세균의 독소에 대한 이해 또한 깊어졌다. 세균 이론이 교과서에 실리게 되면서 의학도는 세균 이론을 학습해야 했다. 물론 세균 이론을 반대하는 이들도 있었다. 세균이란 그저 병을 일으키는 여러 요소 중 하나일 뿐이라는 주장도 여전했다. 이쯤에서 '코흐의 가설' 이야기를 잠깐 해야겠다. 이른바 미생물과 감염병의 인과관계에 대한 황금률이다. 그러나 이름과 달리, 가설을 분명하게 정리하여 제시한 사람은 코흐의 제자인 프리드리히 뢰플러(Friedrich Löffler, 1852~1915)였다. 뢰플러는 디프테리아에 대해 다음과 같은 글을 남겼다.

만약 디프테리아가 미생물에 의해 발생한다면, 다음의 세 가설이 충족되어야 한다. [다시 말해] 어떠한 질병의 원인이 감염에 있다는 사실을 밝히기 위해서는 다음의 가설을 반드시 만족해야 한다.

1. 미생물은 질병에 걸린 조직에서 특징적인 형태와 배열을 나타내며, 지속해서 검출되어야 한다.

2. 질병의 원인으로 추정되는 미생물은 분리되어 순수 배양되어야 한다.

3. 순수 배양된 미생물로 질병을 유발할 수 있어야 한다.[25]

그러나 실제로 황금률에 들어맞는 사례는 그리 많지 않았다. 수많은 세균학자와 면역학자가 감염의 병태생리를 파고들었지만, 그저 복잡하다는 결론을 얻을 뿐이었다. 때에 따라서는 발병 여부와 무관하게 같은 종류의 세균이 검출되기도 했다. 따라서 누군가 어떤 세균을 무슨 병의 원인이라 지목할라치면, 으레 반대 의견이 튀어나오곤 했다. 게다가 '장티푸스 메리'의 예처럼 세균은 병을 앓지 않는 사람의 몸에서도 발견될 수 있었다. 코흐 역시 이러한 '보균상태'에 대해 잘 알고 있었다.[26] 그렇다면 왜 어떤 이는 병에 걸리고, 어떤 이는 그렇지 않을까? 유행병을 조사할 때마다 우리는 이와 같은 미묘한 주제에 맞닥뜨리게 된다. 바이러스성 질환은 또다른 문제였다. '세균성 질환'과 비슷한 양상을 보이지만, 원인이 되는 바이러스를 관찰할 수 없었기 때문이다. 그러하기에 오늘날 바이러스성 질환으로 알려진 수많은 병을 세균성 질환으로 착각하는 경우도 적지 않았다. 이처럼 세균 이론이란 어느 정도는 과학적 근거에, 또 어느 정도는 그저 믿음에 바탕을 두고 있었다. 외려 반대가 없었다면 이상할 정도였다.

세균, 의학, 그리고 수술

엇갈리는 갖가지 주장과 허튼소리가 난무하는 가운데, 세균 이론에 대한 믿음은 결국 정당화되었다. 두 가지의 이론적인 이유와 두 가지의 실용적인 이유에서였다. 따지고 보면 이론적인 이유 두 가지는 예전에도 있었던 생각이고, 따라서 새로움과는 거리가 멀었다. 그러나 세균 이론이 등장한 이후에야 온전히 실현되었다는 점을 고려한다면, 낡은 새로움이라 할 수 있겠다. 첫번째는 병인(病因)과 신체의 분리였다. 사람들이 생각하기에 질병은 개개인의 신체 안에서 일어나는 일이지만, 그 원인만큼은 바깥에 있어야 했다. 세균은 이러한 기준에 들어맞는 존재였다. 세균 이론의 등장 이후 환자와 병인은 서로 나뉘게 되었고, 덕분에 객관적인 진단 기준 역시 보다 손쉽게 마련될 수 있었다. 물론 질병을 트집 잡아 비난을 일삼는 문화는 여전했다. 오늘날에도 성병이나 생활습관병에는 이런저런 뒷말이 따른다.

두번째는 질병의 특이성에 대한 인식이 고조되었다는 점이다. 위생 운동이 시작되던 시기, 사람들은 유행병의 종류를 구분하지 않았다. 유행병이란 언제 어디서 유행하느냐에 따라 성격을 달리하는 존재였다. 에드윈 채드윅 역시 마찬가지였다. 발진티푸스, 장티푸스, 콜레라, 단독, 성홍열 등 도시 빈민가에서 유행하는 여러 가지 병은 '불결병'이라는 하나의 질병일 뿐이었다. 이후 세균 이론은 서로 다른 '열병'을 구분하는 생물학적 근거를 제공했고, 이로써 열은 질병이 아닌 질병의 징후가 되었다. 앞서 이야기한 바와 같이 산업화가 진행된 국가에서 사망과 사인을 신고하는 일이 일상화되면서, 질병 분류는 의학의 중요한 임무가 되었다. 콜레라와 같은 유행병을 향한 국제사회의 관심 역시 사망 및 사인 신고의 중요성을 배가했다. 한편으로 질병 분류는 과학과 의학의 용어를 조금 더 정확하게 다듬어내려는 노력이기도 했다.

이제 실용적인 부분을 살펴보자. 세균 이론이 미친 광범한 영향 중에서 특히 두 가지 지점을 강조하고자 한다. 첫번째는 무균수술을 가능케 한 소독법이다. 소독법을 이야기하기 전에, 먼저 마취법에 대해 잠깐 알아볼 필요가 있다. 1840년대에 도입된 에테르와 클로로포름은 외과의의 사고방식을 바꾸어놓았다. 통증은 이제 고려할 필요가 없었다. 새로운 약물로 조절할 수 있기 때문이었다. 에테르와 클로로포름이 화학반응을 통해 얻은 물질이라는 점도 중요하다. 이는 나날이 높아만 가는 실험실의 위상을 단적으로 보여준다. 또한, 에테르는 미국이 의학 부문에서 거둔 최초의 성과이기도 하다. 누가 먼저 에테르를 발견했는지, 또 누구에게 특허권이 있는지와 같은 지저분한 문제로 얼룩지고 말았지만 말이다.[27] 에테르를 이용한 최초의 공개 수술은 1846년 10월 16일, 매사추세츠 종합병원에서 시행되었다. 소식은 배를 타고 유럽으로 퍼져나갔고, 각국의 의학사는 새로운 물질을 이용한 '최초의' 무슨무슨 수술로 채워졌다. 에테르가 도입된 지 일 년이 채 지나지 않아 클로로포름이 나타났고, 그 이후에도 새로운 마취제를 향한 연구가 이어졌다.

어떠한 혁신도 논쟁을 피할 수는 없다. 마취 역시 마찬가지였다. 많은 이들은 분만에 마취제를 이용해서는 안 된다고 생각했다. 성경에 따르면 출산의 고통은 이브에게 내려진 징벌이었다.[28] 일부 군의관도 부상으로 고생하는 병사들이 수술을 이겨내기 위해서는 고통으로 인한 자극이 필요하다고 생각했다. 마취제로 인한 사망 사건이 새로운 물질의 위험성에 대한 경각심을 불러일으키기도 했다. 몇몇 역사가들은 이런 부분을 강조한다. 그러나 마취의 역사 서막에서 가장 인상적인 부분은 마취법이 퍼져나간 속도이다. 통증을 조절할 수 있게 되었다는 소식이 환자와 의사 사이에 입소문을 타면서, 새로운 기술이 재빠르게 퍼진 것이다. 늘어난 수술 시간과 함께 외과의들은 더 많은 조직을 보존할 수 있었다. 물론 열린 상처가 공기에 노출되는 시간도 같이 늘어나 수술 후 감염 역시 증가했다. 결과적으로 마취법은 수술의 범위를 넓히기는 했지만, 환자의 생존율을 올리지는 못했다.

다시 소독법으로 돌아가자. 근대 외과학의 한 가지 토대가 마취법이라면 다른 한 가지는 소독법, 특히 무균법이었다. 소독 수술은 1860년대 말 조지프 리스터(Joseph Lister, 1827~1912)에 의해 도입되었다. 리스터는 퀘이커파 집안에서 태어나 과학으로 가득한 분위기 속에서 성장했다. 아버지는 무색수차 현미경을 만드는 데 앞장선 사람이었다.[29] 일설에 따르면 리스터는 로버트 리스턴(Robert Liston, 1794~1847)이 유니버시티 칼리지 병원에서 공개 수술을 시행했을 때에 그 자리에 있었다고 한다. 영국에서는 처음으로 에테르를 이용하여 진행된 수술이었다. 의학도 시절에 이미 현미경을 주제로 영향력 있는 논문을 발표하기도 했던 리스터는 유니버시티 칼리지 런던을 졸업한 뒤 외과학을 공부하기 위해 에든버러로 갔다. 그리고 지도교수의 딸과 결혼한 이후, 에든버러와 글래스고에서 20여 년의 세월을 보냈다. 소독 수술의 체계는 글래스고에 있던 1867년에 발표했다.

리스터는 파스퇴르의 논문에서 소독법의 아이디어를 얻었다. 미생물이 발효와 부패와 같은 생명현상에서 어떠한 역할을 하는지 체계적으로 정리한 연구였다. 리스터는 자신이 인용한 파스퇴르의 통찰에, 석탄산 즉 페놀을 활용하는 실용적인 방법을 더했다. 하수를 살균하는 데 쓰이는 물질이라면, 수술 부위도 능히 소독할 수 있으리란 전망이었다. 마침 개방골절 환자가 있었고, 새로운 기법이 시험 삼아 시행되었다. 결과는 성공이었다. 부러진 뼈가 피부를 뚫고 나오는 경우에는 그저 절단만이 답이던 시절이었다. 상처를 봉합하고 다리나 팔을 보존하는 경우는 드물었다.[30] 처음에는 소독법을 설명하기 위해 복잡한 이론이 제시되었다. 그러나 이후 리스터는 초기의 작업을 가다듬어 소독법을 세균 이론 위에 올려놓았다. 파스퇴르가 자연발생에 대한 실험에서 보여주었듯 상처를 감염시키는 오염원은 공기 주위의 먼지를 타고 날아오며, 석탄산으로 상처를 소독함으로써 오염원을 제거할 수 있다는 논리였다.

소독법은 좋은 효과를 보였고, 리스터는 학생들에게 새로운 기법을 가르치기 시작했다. 아니나 다를까, 외과 의사 일부의 반대가 뒤따랐다. 상처를 닦기만 해도 좋은 결과를 얻을 수 있는데 쓸데없이 힘을 낭비할 필요는 없다는 주장이었다. 그러나 프로이센·프랑스전쟁이 일어나면서 상황은 바뀌었다. 의도한 일은 아니었겠지만, 전쟁을 통해 일종의 비교 시험이 진행되었기 때문이었다. 리스터의 방법을 따르던 독일의 군의관들과 달리, 프랑스의 군의관들은 소독을 시행하지 않았다. 결과는 독일인의 우세였고, 이로써 리스터는 외과학에 자신의 이름을 남기게 되었다. 사실 외과 의사로서의 리스터는 굉장히 보수적인 사람이었다. 그는 평생토록 팔과 다리, 관절, 방광, 그리고 신체 표면이라는 전통적인 외과학의 영역을 넘어서지 않았다.

리스터는 그 이후로도 소독법을 조금씩 조정하곤 했다. 분무기를 도입하기도 하고, 수술 부위의 관리법을 바꾸어보기도 했다. 연이은 성공에 세계적인 명성이 뒤따랐다. 파스퇴르와는 서로 존중하는 사이였다. 19세기 후반에 열린 여러 번의 국제 학회에서 그들은 자리를 나란히 했다. 상처감염과 세균의 관계에 대한 이해가 깊어지면서, 리스터의 체계는 이론적 기반을 수정해나갔고 점차 세균학이라는 새로운 과학에 가까워졌다. 소독 수술은 오래가지 않아 무균 수술로 대체되었다. 이제 사람들은 세균을 일부 죽이는 데 만족하지 않고, 아예 몰아내려 했다. 수술 기구와 붕대, 외과 의사의 손과 환자의 피부가 모두 소독되었다. 완벽에 가까운 살균을 위해서였다. 수술이 시작될 때 수술 부위는 완전한 무균상태여야 했다. 여기에 더해 수술이 진행되는 동안에도 세균이 들어오지 못한다

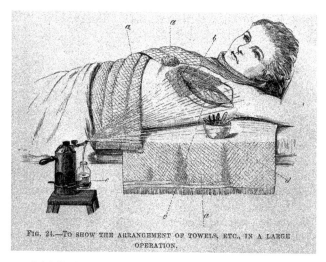

FIG. 24.—TO SHOW THE ARRANGEMENT OF TOWELS, ETC., IN A LARGE OPERATION.

21. 유방절제술에 사용되는 리스터 분무기. 조지프 리스터의 소독 수술이 얼마나 번 거로운 작업이었을지 짐작해볼 수 있다. 이 삽화는 1882년에 출간된 윌리엄 왓슨 체인(William Watson Cheyne, 1852~1932)의 책 『소독 수술: 원칙과 실제, 역사, 그리고 결과Antiseptic Surgery: Its Principles, Practice, History and Results』 에 실렸다. 체인은 리스터의 제자이다.

면, 고름 없이 상처가 회복되는 '일차성 유합'이 가능할 터였다. 무균법의 목표가 바로 여기에 있었다. 그리고 무균법을 바탕으로 외과 의사들은 마침내 복강과 흉강, 두개강을 메스로 열어젖혔다. 19세기 말이 되자 외과학은 매력적인 분야로 거듭났다. 이처럼 코흐와 같은 인물들이 세균학 실험실에서 개발한 여러 기술은 수술실이라는 내밀한 공간에서 꽃을 피웠다.

복강과 흉강, 두개강이라는 금지된 공간의 문이 열렸지만, 외과 의사들은 고전을 면치 못했다. 과다 출혈이나 감염과 같은 다른 문제가 터져나왔기 때문이다. 이를테면 입과 항문을 통해 외부와 연결된 위장관은, 신체의 다른 부분과 달리 무균 상태가 아니었다. 그런데도 외과 의사들은 일단 환자를 보면 수술 날짜부터 잡으려 했다. '자를 수 있다면 고칠 수 있다'는 새로운 격언에 사로잡힌 그들이었다. 내과 의사들이 어쩔 수 없다며 손사래를 치던 병도, 외과 의사들의 눈에는 달리 보였다. 오늘날과는 다른 시절이었다. 관리 제도는 미비했고, 환자와 의사의 관계도 어딘가 체계적이지 못했다. 외과 치료의 대상도 요즘과는 사뭇 달랐다. 히스테리나 월경통을 이유로 난소를 제거하고, 변비나 만성피로를 이유로 창자를 잘라내던 때였다. 편도 역시 이런저런 불편을 예방한다는 이유로 수시로 절제되곤 했다. 20세기 초반에는 이런 일들을 정당화하기 위해 동원된 '국소감염' 이론이 유행했다.[31] 이론에 따르면 창

22. 의과학자라는 영웅. 1892년, 루이 파스퇴르는 칠순을 맞았다. 온 세계의 환호가
이어졌다. 사진을 보라. 수천 명의 사람이 운집한 가운데, 조지프 리스터가 파스퇴
르를 맞이하고 있다.

자와 치아, 편도 등을 제거함으로써 온갖 질병을 치료하고 막을 수 있었다. 정신이상도 마찬가지였다.

외과 의사와 환자의 권력관계는 새롭게 설정되었고, 근대 외과학은 이를 바탕으로 세워졌다. 외과 의사는 참으로 많은 일을 벌였다. 환자에게는 오로지 믿음만이 강요되었다. 많은 역사가는 높은 사망률과 낮은 성공률, 그리고 여러 가지 기이한 수술을 강조하곤 한다. 그러나 제1차세계대전 이전의 반세기 동안, 외과학은 분명 눈부신 진보를 이루었다. 다만 수혈이나 항생제, 중환자 관리 등의 지원 체계가 발전의 속도를 따라가지 못했을 뿐이다. 물론 의료 행위를 규율하는 윤리적 규범 또한 존재하지 않았다. 한 가지 지적할 점은, 외과 의사마다 진단의 방향이나 수술 실력이 달랐다는 사실이다. 그런 탓에 환자들은 심혈을 기울여 의사를 골라야만 했다. 사실 요즘도 크게 다르지는 않다.

세균학이 가져다준 실용적 유산으로 다시 돌아가자. 소독법과 무균법에 이어, 세균학을 통해 우리는 감염과 유행병의 근원과 패턴을 이해하고, 그에 적절히 대응하는 능력을 갖추게 되었다. 실험실 의학이 지역사회 의학에 미친 영향이다. 세균학자들은 이전의 위생학자들이 갖추지 못한 새로운 자질을 지녔고, 이를 바탕으로 정부와 정치가들에게 더 많은 힘을 발휘했다. 채드윅이 옹호했던 '청결한' 물도 이제 다른 의미를 띠게 되었다. 이 물에는 어떤 병원균이 숨어 있는가? 음용이 가능한지, 즉 물이 '청결한지' 파악하기 위해서는 세균학적 분석이 필수였다. 오늘날도 마찬가지다. 식품첨가제, 축산물, 그리고 공기까지, 많은 것들이 실험실의 분석을 거친다. 과학자들은 삶의 다양한 부분을 새롭게 정의했다. 새롭게 마련된 공중보건의 기틀 역시 과학자들의 작품이었다.

생리학: 새로운 엄격함

세균학은 19세기 후반을 살아가던 평범한 사람들에게 크나큰 영향을 주었다. 반면 같은 시기, 실험생리학은 분노의 대상이었다. 살아 있는 동물에 대한 실험을 본격적으로 시작했기 때문이다. 사실 세균학자들도 많은 수의 동물을 실험에 이용했지만 크게 비난을 받지는 않았다. 특히 영국에서 그러했다. 세균학보다 생리학이 발달했던 탓이다.

독일에서는 의과학을 다루는 다양한 연구소들이 설립되었다. 의과학의 세부 분야 어느 하나 빠짐이 없었다. 생리학에서는 라이프치히 대학교의 카를 루트비히(Carl Ludwig, 1816~1895)가 이끄는 연구소가 가장 유명했다. 전 세계의 학생들이 몰려들 정도였다. 젊은 시절, 루트비히는 다른 세 명의 생리학자들과 함께 생리학을 혁신하는 선언을 발표했다. 혁명이 한창이던 1848년의 일이다. 선언에 따르면, 생리학의 모든 문제는 물리학과 화학을 통해 해결될 수 있었다. 이후, 그들 중 둘은 각각 베를린과 빈의 생리학 연구소를 이끌었고, 헤르만 폰 헬름홀츠(Hermann von Helmholtz, 1821~1894)는 물리학으로 방향을 바꾸었다.[32] 헬름홀츠는 전자기학과 열역학에서의 업적으로 유명하지만, 특수감각기관의 생리학과 청각의 물리학 분야의 전문가이기도 했다. 루트비히의 주된 관심사는 심장과 신장의 기능이었다. 그가 쓴 교과서는 독일어권 국가에서 널리 사용되었고, 다른 언어로 번역되어 출간되기도 했다. 그러나 외국에서 독일어판을 그대로 쓰는 경우도 적지 않았다. 당시 독일어는 의과학의 언어였기 때문이다. 이들 넷을 비롯한 여러 독일 생리학자들의 실험실은 점차 현대적인 모습을 갖추어갔으며, 이와 함께 과학자들은 최신의 기술로 무장할 수 있었다. 헬름홀츠는 검안경을 개발했고, 루트비히는 카이모그래프, 즉 운동기록기를 만들었다. 여기에는 기록장치가 연결된 원통이 달려 있어서, 맥박이나 근수축, 혹은 근긴장도의 변화 등 지속적인 신체 기능의 변화를 측정할 수 있었다. 그래프를 이용한 생명현상의 기록은 의과학과 임상의학의 여러 분야에서 광범하게 사용되었고, 이는 오늘날까지 이어지고 있다.

그 시절에는 누가 뭐래도, 생리학이라면 역시 독일이었다.

그러나 프랑스도 할 말은 있었다. 세기가 낳은 탁월한 생리학자 클로드 베르나르(Claude Bernard, 1813~1878)가 바로 프랑스인이었기 때문이다. 파리 대학교 의학부에 진학한 베르나르는 임상을 중심으로 하는 학풍에 한계를 느꼈다. 질병의 기전을 이해하고 새로운 치료법을 개발하기 위해서는 무언가가 더 필요했다. 베르나르는 부인이 가져온 지참금을 기반으로 의학 연구를 시작했다. 불행한 결혼생활이 가져다준 몇 안 되는 선물이었다. 아이러니하게도, 동물실험 탓에 그는 부인과 딸에게서 더욱더 멀어지게 되었다. 아무튼, 실험실에서 베르나르는 외과 의사로서의 재능을 갖춘 숙련된 장인과도 같은 인물이었다. 초기에는 당 대사 과정에서 간이 어떤 역할을 하는지, 그리고 소화 과정에서 췌장이 무슨 기능을 하는지 등을 연구했고, 이후에는 말초신경의 기능과 일산화탄소 중독 과정을 체계적으로 조사하였다. 뇌 일부를 파괴하여 인위적으로 당뇨를 유발하기도 했다. 그러나 무엇보다 베르나르의 눈길을 끈 지점은 여러 생리 기전이 한데 모여 생명체의 기능을 가능케 하는 방식이었다. 그는 '내부환경(milieu intérieur)'이라는 개념을 통해, 생명체가 좁은 범위의 생리학적 지표, 다시 말해 일정 범위의 체온과 전해질, 혈당 등을 유지하는 과정을 설명했다.[33] '내부환경'은 후에 미국의 생리학자 월터 캐넌(Walter Cannon, 1871~1945)에 의해 '항상성'으로 재해석되었고, 오늘날에도 여전히 건강과 질병, 진화를 이해하는 데 핵심적인 역할을 맡고 있다.

베르나르는 이후 철학적인 주제로 눈을 돌렸다. 1865년에는 『실험의학 연구 서설Introduction à l'étude de la médecine expérimentale』을 출간하여 자신의 연구를 되돌아보는 한편, 의학 연구에 대한 나름의 철학을 개진했다. 여전히 읽을 만한 책이다. 여기에서 베르나르는 실험실이야말로 진정한 의과학의 성소(聖所)라 주장한다. 그에 따르면, 환자를 치료하는 병원에서는 수많은 변수 탓에 단편적인 관찰만이 가능할 뿐, 진정한 실험과학을 수행할 수 없다. 변수를 통제하고, 그로써 분명한 결과를 얻는 일은 오직 실험실에서만 가능하다. 그렇다면 실험실에서 베르나르는 어떤 사람이었을까? 언젠가 파스퇴르는 기회란 준비된 자에게 주어진다고 말했다. 베르나르는 준비된 자였다. 언뜻 보기에는 별반 중요치 않은 결과도 허투루 넘기지 않았고, 오히려 거기에서 풍성한 연구 성과를 뽑아냈다. 일화를 하나 살펴보자. 토끼의 소변은 보통 염기성이며, 탁한 빛을 띤다. 그러나 먹이를 먹지 않은 토끼의 소변은 산성이다. 베르나르는 이 사실을 바탕으로 토끼가 먹이 대신 자신의 조직을 대사한다고 추론했으며, 여기에 착안하여 이후 소화 과정을 밝히는 데 천착했다. 베르나르가 몸소 보인 발견의 철학은 오늘날의 가설-연역 방법에 해당한다. 특정 현상에 대해 가설을 세우고, 결과가 어떠할지 추론한 다음, 실험을 통해 가설의 진위를 확인하는 방식이다. 베르나르는 여기에 한 가지 조건을 덧붙였다. 실험을 시행할 때에는 자기 생각을 잠시 접어두어야 한다는 주장이었다. 그는 이를 설명하기 위해 모자의 비유를 들었다. 모자를 사고 기능이라고 하자. 유능한 과학자는 실험실에 들어서면서 모자를 선반 위에 올려둔다. 그리고 일을 마치고 실험실을 떠날 때는 다시 모자를 챙겨 나간다. 관찰한 바가 무엇이고 또 무엇을 의미하는지 생각해보아야 하기 때문이다. 베르나르는 실험을 통해 가설을 받아들일지를 결정했고, 필요할 때에는 가설을 수정하여 다른 실험을 다시 진행하곤 했다.

베르나르가 생각하기에, 실험의학은 정상 기능을 탐구하는 생리학과 이상 기능을 연구하는 병리학, 치료법을 강구하는 치료학의 세 기둥 위에 놓여 있었다. 베르나르의 업적 역시 세 분야 모두에 걸쳐 있다. 하지만 핵심은 따로 있다. 철저한 실험을 거친, 다시 말해 실험실에서 이루어진 연구라는 점이다. 베르나르에 따르면, 현장 조사나 부검, 임상에서의 관찰 등은 자료를 얻고 연구 주제를 잡는 데까지는 도움이 된다. 그러나 과학의 핵심 목표는 기전과 원인을 밝히는 데 있으며, 이런 이유에서 실험실에서의 탐구는 다른 어떤 행위보다 높은 가치를 지닌다. 이러한 생각에 대해 친구 파스퇴르는 어떤 평가를 남겼을까? 베르나르와 파스퇴르는 서로를 존중했다. 파스퇴르의 연구에 담겨 있는 여러 의의를 가장 먼저 알아본 인물 또한 베르나르였다. 심지어 베르나르가 세상을 떠날 즈음까지, 파스퇴르는 아직 제 날개를 온전히 펴지도 못한 터였는데 말이다. 그리고 그런 파스퇴르는 베르나르에게서 실험적 방법에 대한 위대한 웅변가를 발견했다. 실험적 방법, 그것은 의학의 미래였다.

실험생리학이 생체해부를 반대하는 진영으로부터 이런저런 공격을 받기는 했지만, 정작 동물실험을 규제하는 법안이 통과된 곳은 영국뿐이었다. 1876년에 '동물학대방지법'이 통과되면서, 많은 의학 연구자는 우려의 목소리를 냈다. 그러나 법안은 오히려 동물 연구를 뒷받침하는 합리적인 틀을 마련해주는 동시에, 의학 연구의 제도화를 촉진하기도 했다. 과학자의 사저에 설치된 개인 실험실에서의 생체실험이 금지되면서, 공공기관이나 대학이 동물 연구가 가능한 유일한 공간으로 떠올랐기 때문이다. 한편, 동물실험을 하는 생리학자들에게 마취법은 무엇보다도 중요한 기술이었다. 마취제는 실험에 이용되는 동물의 고통을 덜어줄뿐더러, 실험이 수월하게 진행되는 데에도 도움을 주었다. 소독법과 무균법 역시 마찬가지였다. 이는 임상의학과 실험과학이 서로에게 도움을 주는 또다른 예였다.

생리학의 영향은 의학의 세부 분야 전반을 망라했다. 신경학은 대뇌피질의 기능위치선정에 대한 연구로부터 큰 도움을 받았고, 심장학 역시 동물실험으로 얻은 심장 수축과 심박동 제어에 관한 지식이 없었다면 발전에 난항을 겪었을 터였다.[34] 내분비학은 어니스트 스탈링(Ernest Starling, 1866~1927)과 윌리엄 베일리스(William Bayliss, 1860~1924)가 호르몬을 발견하면서 비로소 시작될 수 있었다. 물론 이러한 발전 이면에는 성공을 향한 개개인의 열망도 놓여 있었다. 많은 의사는 업적을 쌓아 이름을 얻기 위해 연구에 매진했다. 그러나 그 이면에 무엇이 있건, 커져만 가는 실험실의 중요성만큼은 부인할 수 없는 사실이었다. 제1차세계대전이 일어날 무렵의 의학이란 이미 실험실이 없이는 불가능한 학문이었다. 의학의 곳간은 이제 임상의가 아닌 의과학자가 만들어낸 지식으로 가득했다.

제 6 장

현대 의학

그다음에는?

히포크라테스로부터 제1차세계대전까지, 지금껏 우리는 시간의 흐름에 따라 의학의 역사를 살펴보았다. 지난 세기의 의학을 다루는 이번 장에서는 머리맡, 도서관, 병원, 지역사회, 실험실 의학의 다섯 가지 '유형'이 오늘날 서로 어떻게 얽혀 있는지 다룰 예정이다. 여러 유형의 의학은 우리네 삶 가까이에 제자리를 마련하고 있다. 우리는 의사이거나 환자이며, 또한 보건의료 예산안의 혜택을 누리는 시민이다.

현대 의학을 움직이는 숨은 힘은 바로 비용이다. 지난 한두 세대의 보건의료를 돌아보건대, '알맞은 가격'보다 시급한 문제는 없었다. 어느 국가건 마찬가지다. 세금으로 운영되는 영국의 국가보건서비스(National Health Service, NHS), 민영보험과 환자가 지급하는 수가(酬價)를 축으로 작동하는 미국의 의료, 여기에 기본적인 수준의 의료와 자원봉사가 주를 이루는 아프리카까지, 어디서건 비용이 문제다. 사실 의료에 대한 '수요'는 굉장히 유동적이다. 공급이 늘어나면 수요도 함께 늘어난다. 그런 탓인지 의료비는 날이 갈수록 치솟기만 한다. 한편, 의료의 효과 역시 굉장히 좋아졌다. 아무리 허튼소리를 하는 사람일지라도 의료가 가져다준 효능만큼은 부정할 수 없을 정도다. 따라서 문제는 효율이다. 의료는 이제 수많은 다국적 기업이 달려드는 거대한 사업이 되었다. 현실을 살펴보아도 이윤을 좇는 다국적 기업이 의료 서비스를 제공하는 경우가 적지 않다. 품질은 어떠할까? 기업가들은 자신들의 의료 서비스가 겉만 번지르르하거나 지나치게 비싸다면 진즉에 경쟁에서 탈락하지 않았겠냐며 나름의 변을 내놓는다. 그러나 현대 의학의 기업화를 반대하는 이들은 몸을 치료하고 병을 예방하는 일이 자동차를 수리하거나 장난감을 파는 일과 같을 수는 없다고 주장한다. 많은 논쟁이 진행중이고, 합의점을 찾기란 쉽지 않아 보인다.

머리말 의학: 히포크라테스의 유산

히포크라테스는 오늘날에도 여전히 중요한 인물이다. 주류

에 속하는 의사들은 물론, 대체의학에 종사하는 이들 또한 히
포크라테스를 자신들의 선구자로 추어올린다. 그렇다면 사람
들은 히포크라테스 의학의 어떠한 면에 그토록 매력을 느끼
는 것일까? 그 답은 뚜렷하게 구분되지 않는 두 가지 특징, 즉
체액설에 담긴 전인주의와 환자에 대한 강조에 있다.

전인주의는 최근에 다시 각광받는 주제이다. 많은 이들에
따르면, 이는 근현대 의과학의 환원주의에 대한 반발이다. 의
과학의 탐구 대상은 신체에서 장기, 조직, 세포 순으로 계속해
서 세밀해져갔으며, 요즘은 분자 수준의 연구가 이루어지는
실정이다. 19세기 독일의 대학들이 생리학과 세균학, 병리학
연구소를 만들었던 것처럼, 오늘날의 대학에는 분자생물학 연
구소가 설치되어 있다. 건강이나 의료 문제 앞에서 냉정함을
찾기란 힘든 일이지만, 사실 분자의학이란 17세기부터 내려
오는 기나긴 흐름의 일부일 뿐이다. 의사들은 언제나 질병을
더욱더 작은 단위에서 다루고자 했다. 의학과 의과학의 발전
은 세분화를 핵심으로 한다.

세분화라는 목표에 동의하지 않는 이들도 있었다. 그리
고 개중에는 의사도 없지 않았다. "우리는 해부하려고 살해
한다." 낭만주의 시인 윌리엄 워즈워스(William Wordsworth,
1770~1850)의 시구가 이들을 사로잡았다. 낭만주의자들은 전
체를 저버린 채 부분만을 분석하는 일에 신물을 느꼈다. 그리

고 의사들 역시 이어지는 제1차세계대전과 의학의 전문화를 겪으며, 의학이 새로운 기반 위에 놓여야 한다고 생각했다. 히포크라테스를 내세운 전인주의 운동은 기질과 같은 총체적인 용어를 통해 질병을 이해하려 했다. 자연으로 돌아가 소박한 음식을 먹고, 옷은 꼭 필요한 만큼만 입거나 벗어젖히고, 자연의 규칙에 따라 살아가는 일이 장려되었다. 실험과학과 의학의 전문화에 반대하던 수많은 의사가 전인주의 운동에 가담했다. 이런저런 사회 실험도 진행되었다. 1928년에 개소한 남부 런던의 페컴 건강 센터(Peckham Health Centre)가 대표적이다. 설립자들에 따르면, 의학은 언제나 질병만을 강조해왔다. 그러나 핵심은 질병이 아닌 건강에 있었다. 센터는 가족을 단위로 하여 운영되었고, 센터에 방문하여 여러 신체 활동과 사회 활동에 참여하는 일이 적극적으로 권장되었다. 오늘날의 피트니스 클럽과 그리 다르지 않은 풍경이었다.[35]

그러나 전인주의 운동은 어디까지나 소수의 목소리에 지나지 않았고, 그나마 남아 있던 영향력조차 제2차세계대전 이후 완전히 사라져버렸다. 한편으로는 전인주의의 신봉자 가운데 나치 정권에 협력했던 의사들이 있었기 때문이고, 다른 한편으로는 인슐린이나 페니실린, 코르티손과 같은 기적의 약이 등장했기 때문이다. 실험 연구를 통해 모든 질병에 대한 치료법을 발견할 수 있으리라는 장밋빛 전망이 모두를 지배했다.

20세기 중반은 그야말로 현대 의학의 '황금기'였다. 의사들은 전례 없는 명성과 신망을 누렸다. 감염병은 얼추 근절되었고, 소라진(Thorazine)과 같은 약물이 있다면 정신병의 조절 역시 가능해 보였다. 어쩌면 암의 정복이 목전에 있을지도 모르는 상황이었다.[36]

같은 시기, 일차의료 혹은 가정의학은 이렇다 할 인기를 끌지 못했다. 영국에서 일반의는 국가보건서비스의 자문의나 할리 가(街)의 개원의가 되기에 어딘가 부족하다고 여겨졌고, 대다수의 의학도 역시 전문의를 목표로 삼았다. 의료계를 선도하는 진정한 엘리트가 되기 위해서는 전문의 과정이 필수라고 생각했기 때문이다.[37]

1960년대가 되면서 상황은 달라졌다. 베트남전쟁(1955 ~1975)의 결과로 모든 형태의 권력에 저항하는 세대가 나타났고, 한편에서는 자신의 수입과 권리에만 골몰하는 전문직에 대한 공격이 거세져갔다. 오스트리아의 사회비평가 이반 일리치(Ivan Illich, 1926~2002)가 대표적이다. 그는 교육인과 의사를 비롯한 여러 전문직에 공격을 퍼부었다. 이를테면 의인병(醫因病)이 존재한다는, 즉 의사들이 외려 병을 만들어낸다는 비판이었다. 일리치는 사람들에게 몸과 건강에 대한 주도권을 되찾아오라고, 그리하여 '환자'도 '소비자'도 아닌 하나의 주체로서 살아가라고 말했다. 일리치 외에도 대항문화를 옹호하는 이들은 차고 넘쳤다. 다른 맥락이지만, 마거릿 대처 역시 우파의 관점에서 전문직을 공격했다. 의사와 환자의 관계는 조금씩 변했고, 권력의 축은 환자를 향해 움직였다.

두 가지 지점에 주목하자. 하나는 일차의료가 다시 확립되었다는 점이다. 일차의료는 환자를 '전인'으로, 다시 말해 환자를 하나의 총체적 인간으로 대하려는 흐름이다. 발린트 미하이(Bálint Mihály, 1896~1970)는 가정의학의 중요성을 체계적으로 정리했는데, 그에 따르면 우울증이나 불안, 불면증과 같은 여러 정신질환 역시 일반의의 '전인적 치료'를 통해 치료될 수 있었다.[38] 많은 이들의 노력을 바탕으로 가정의학은 하나의 어엿한 세부 분야로 자리잡게 되었다. 가정의학만의 고유한 수련 지침과 평가 방법이 마련되었고, 영국에서는 왕립학회가 조직되기도 했다. 아이러니하게도 이로써 가정의학은 '일반적인' 전문 분야가 되었다. 물론 그렇다 하더라도 가정의학 혹은 일차의료의 발전이 시대적 요청의 산물이라는 사실 만큼은 부정할 수 없다.

두번째는 개발도상국에서 일차의료가 강조되었다는 점이다. 제1차세계대전 이후 국제연맹(League of Nations, 1920~1946)을 주축으로 진행된 의료 원조나, 제2차세계대전 후에 진행된 세계보건기구(World Health Organization, WHO)의 사업 등은 모두 수직적이고 기술적인 프로그램을 강조했다. 다시 말해, 이들 사업은 말라리아나 천연두, 주혈흡충증, 구충, 그리고 하천실명(河川失明)으로 알려진 회선사상충증과 같은 개별 질병의 박멸을 목표로 삼았다. 결과는 나쁘지 않았다. 천연두 캠페인은 온전한 승리로 이어졌고, 다른 프로그램 역시 소기의 성과를 거두었다. 실패는 오직 말라리아 계획뿐이었다.

상황은 1978년을 기점으로 달라졌다. 세계보건기구가 주최한 국제회의 덕분이었다. 카자흐스탄의 알마아타에서 열린 이 회의에서 세계보건기구는 질병 하나하나에 초점을 맞추는 수직적 프로그램이 아닌, 일차의료와 교육, 기본적인 사회 인프라를 강조하는 수평적 프로그램을 강조했다. 물론 이것이 수직적 프로그램의 완전한 폐기를 의미하지는 않았다. 다만, 지속가능성과 효율성을 고려했을 때, 개별적 사안보다는 일반적인 상황에 집중하는 편이 더욱 좋은 결과로 이어질 수 있다는 주장이었다. 이제 강조점은 개별의 의료인이 개별의 환자와 가족을 교육하고, 진단하며, 치료하는 일차의료에 놓였다.[39]

히포크라테스라는 이름에는 참으로 많은 의미가 들어 있다. 지난 한 세기를 거치며 그 이름은 머리맡 의학의 가치를 수호하는 선봉장이 되었고, 일차의료는 다시금 우리의 친구가 되었다.

도서관 의학: 정보의 가치

15세기에 도입된 인쇄술이 의학 지식의 성격을 변화시켰다면, 두 세기 이후에 간행된 의학과 과학 학술지는 시간의 단위를 바꾸었다. 책은 새로운 발견이나 이론보다는 일생의 통찰을 담는 데 더 알맞은 매체가 되었고, 최신의 지식은 정기적으로 출간되는 학술지를 통해 유통되기 시작했다. 17세기에만 하더라도 학술지의 간행은 대개 과학 협회의 몫이었다. 의학으로 분류될 수 있는 내용도 처음에는 여기에 실렸다. 의학 학술지의 등장은 1800년대의 일이었다. 물론 요즘과 같은 두꺼운 모습은 아니었다. 바닥에서 시작해야 했으니 어쩔 수 없었다. 아무튼, 오늘날에도 이름이 높은 『뉴잉글랜드 의학보New England Journal of Medicine』와 『랜싯Lancet』 역시 각각 1812년과 1823년에 창간되었다. 논설과 뉴스, 독자 투고란에 짧은 발행 주기까지, 현대 학술지의 여러 모습이 이 시기에 만들어졌다. 학술지가 없었다면, 근대적 의미의 의료 전문직은 제 모습을 갖추지 못했을 테다.

책과 종이 학술지의 종말, 지난 몇십 년 동안 많은 이들이 되뇌던 말이었다. 컴퓨터와 인터넷, 전자출판이 지식의 전파 방식을 바꾸고 있었으니 그리 터무니없는 예측은 아니었다. 그러나 그런 일은 일어나지 않았고, 책과 학술지는 외려 더 늘어나고 있다. 출판 환경은 결국 변하고 말겠지만, 그럼에도 그 변화는 점진적일 수밖에 없다. '도서관 의학'은 컴퓨터 시대라고도 할 수 있는 오늘날에도 살아남지 않았는가. 도서관 의학이 의료에 끼친 영향은 크게 두 가지로 정리할 수 있다.

첫번째는 의사-환자 관계의 변화다. 사람들은 이제 의학지식에 쉽게 접근할 수 있다. 진단과 치료 과정에서 궁금한 점이 생기면 의사에게 묻거나 도서관에 가서 찾아보기만 하면 된다. 인터넷의 발달로 이러한 과정은 한결 손쉬워졌고, 환자가 의료에 개입하는 일 역시 늘어났다. 개중에는 인터넷이 이 모든 일의 주범이라고 생각하는 사람들도 있지만, 그렇지 않다. 인터넷은 진행되어 오던 흐름을 좀더 빠르게 했을 뿐이다. 덕분에 의료인에게는 소통의 의무가 지워졌다. 효과는 알 수 없지만, 의과대학에서 소통의 기술을 가르치는 이유 또한 여기에 있다. 물론 인터넷에도 부작용은 있다. 정보의 질을 관리할 수 없으므로 환자들이 부분적이거나 왜곡된, 혹은 아예 잘못된 정보를 접할 수도 있기 때문이다. 결과적으로 정보에 대한 접근성의 개선은 환자의 권리에 대한 재조명과 맞물려, 의사와 환자의 권력관계를 바꾸고 있다. 이제 의사는 환자와 더 많은 시간을 보내야 한다. 바람직한 변화다.

두번째는 정보혁명에서 비롯된 환자 기록의 변화다. 물론 여기에는 접근성과 보안이라는 문제가 상존하며, 관리에 드는 비용도 만만치 않다. 영국은 환자 기록을 관리하는 국가 차원의 시스템을 구축하려 했지만, 비용 탓인지 여전히 답보 상태에 있다. 이론적으로 의료기록을 작은 전자장치에 담아 휴대한다는 생각은 꽤 훌륭해 보인다. 의사 입장에서도 응급실에 실려 온 환자를 본다거나 타지에서 온 환자를 치료할 때 필요한 정보를 어렵지 않게 얻을 수 있고, 환자 입장에서도 손쉽게 의료진에게 협조할 수 있으니 여러모로 편리하다. 그러나 보험회사나 고용주가 환자 기록에 접근한다면 어떤 일이 발생할까? 이와 같은 문제가 해결되지 않는 이상, 장밋빛 미래는 그저 희망사항일 뿐이다.

한 가지 문제를 더 짚고 넘어가야겠다. 도서관 사서들을 생각해보자. 이전만 하더라도 그들은 손으로 직접 책을 분류하고 정리하곤 했다. 물론 지금도 그렇겠지만 사실 오늘날의 사서란 컴퓨터로 정보를 관리하는 직업에 가깝다. 의사 역시 마찬가지다. 요즘의 의사는 환자가 아닌 모니터를 들여다본다. 어쩌면 '멋진 신세계'는 허울 좋은 개살구에 지나지 않을지도 모르겠다.

병원 의학 : 의료의 가격

프랑스혁명과 함께 의학의 사고방식과 교육 체계는 병원을 중심으로 재편되었다. 그리고 지난 두 세기 동안, 병원 역시 건축의 형태와 구조, 재정, 기능의 측면에서 끝없는 변화를 겪었다.

병원 건축은 그 자체로 재미있는 주제이다. 사회적, 경제적 상황에 따라, 또 의학적 필요에 따라 그 모습이 달라졌기 때문이다. 근대 초기, 병원은 종교라는 뿌리와 이상을 감추지 않았다. 제대(祭臺)와 경당(經堂)이 설치되었고, 건물 전체가 십자가 형태를 띠는 경우도 있었다. 유럽의 많은 곳에서 가톨릭은 건축 양식에 영향을 주었고, 한편으로 간호 조직에 관여하기도 했다. 프로테스탄트가 득세한 곳에서는 좀더 세속적인 형태가 발전했다. 계몽주의 시기 영국에서 병원 건물은 시골의 저택과 비슷한 구조로 지어졌다. 성병이나 천연두, 소아질환, 또는 폐병이나 눈병과 같이 특정 질환만을 다루는 작은 전문병원은 아예 평범한 가정집에서 시작하는 경우도 있었다. 일이 잘 풀릴 때는 더 넓은 땅을 사서 병원을 확장했는데, 그저 큰 집을 구해서 가는 경우도 있었지만, 시간이 흐를수록 처음부터 병원으로 지어진 건물로 옮기는 일이 늘어났다. 물론 그렇다 하더라도 일반 가정집과 크게 다르지는 않았다. 부엌과 화장실이 있었고, 여기에 의사가 머물 숙소와 병실, 그리고 폐기물 처리를 위한 시설 정도가 추가될 뿐이었다. 수술이나 분만은 대개 병실에서, 다른 환자들이 보는 가운데 이루어졌다.

19세기가 되면서 의학적 필요가 병원의 설계에 반영되기 시작했다. 대형 종합병원은 야전 병동의 양식을 모방했다. 오래 전부터 야전 병동은 나름의 양식을 띠고 있었다. 사각형의 공간 양 쪽으로 큰 창문이 나란히 달린 형태였다. 이러한 양식은 시간이 지나며 종합병원의 건축에 그대로 반영되었다. 플로렌스 나이팅게일(Florence Nightingale, 1820~1910)의 활약 덕분이었다. 여기에는 두 가지 이유가 있었다. 하나는 두 줄의 창문이 있어 환기가 용이하다는 점이었다. 여전히 장기설이 통용되던 시절이었고, 나이팅게일 역시 장기설을 굳게 믿던 위생학자였다. 다른 하나는 간호사에 대한 감독이 쉽다는 점이었다. 1880년대 말에 지어진 존스홉킨스 병원은 전형적인 야전 병동의 양식에 따라 지어졌다.

다른 예도 있었다. 독일의 대학병원은 병동마다 작은 실험실을 두었다. 소변과 혈액 등 여러 물질에 대한 화학적, 현미경적 검사를 진행하기 위해서였다. 또 한편, 소독법과 무균법이 보급되면서 적절한 살균 장비가 갖추어진 수술실이 등장하기 시작했다. 그 밖에도 세균 이론에 따라 객담과 혈액, 소변, 대변을 배양할 수 있는 실험실이 마련되었고, 세포병리학의 발전은 암 등의 조직을 검사하는 판독실의 설치로 이어지기도 했다. 외과 의사가 수술중에 떼어낸 조직은 병리 의사에게 보내졌고, 그의 판단에 따라 수술의 향방이 결정되었다. 19세기 말부터는 엑스선 장비가 도입되었다. 별도의 공간이 배정되었고, 장비를 운영하는 이들과 영상을 헤아려 판단할 이들이 고용되었다. 1870년부터는 대부분의 병원에 외래 환자를 진료하는 공간이 따로 갖추어졌다.

거듭되는 의학의 혁신에 발맞추기 위해, 사람들은 병원을 고쳐 짓고 새로 올렸다. 유사성을 지나치게 강조하는 일일지도 모르겠지만, 19세기의 정신병원과 감옥, 그리고 20세기의 병원과 호텔은 어딘가 비슷한 점이 있었다. 먼저 빅토리아시대의 정신병원과 감옥은 벽으로 둘러싸인 도시 외곽의 건물이라는 공통점이 있었다. 경비와 격리를 위한 구조와 위치였다. 호텔과 병원 역시 통하는 지점이 없지 않았는데, 일정 기간만 머무는 이들에게 음식과 침구를 제공한다는 점에서 딱히 다른 면이 없기 때문이었다. 세탁 및 외식 업체와의 계약은 필수적이었다. 긴 복도를 따라 양옆으로 방이 놓여 있다는 점도 같았다. 투숙 혹은 입원 절차를 명확하게 하는 동시에, 계산 문제를 깔끔하게 해결할 수 있는 구조였다. 호텔의 설계와 관리 방식은 분명 병원의 건축과 운영에 많은 영향을 미쳤다.

병원 경영은 점점 비즈니스 모델을 따르고 있다. 20세기 초반부터 미국의 여러 병원은 효율성 제고를 핑계로 산업 생산 방식을 도입했다. 처리량을 조절하고, 비용을 절감하며, 고객이 지급한 금액에 합당한 가치를 제공한다. 영리를 목적으로 한 이들에게 어울리는 말이었다. 유럽의 병원은 여전히 자선

기관으로서의 정체성을 고수하고 있었지만, 비즈니스 모델의 영향을 피할 수는 없었다. 예산은 언제나 빠듯했고, 지난 150년의 역사 속에서 의료비는 증가 일변도였기 때문이다. 의학적 가치와 경제적 가치의 충돌 속에서 후자는 때로 전자를 압도했다. 자금의 출처가 어디건 상황은 크게 다르지 않았다.

비용을 충당하는 방법은 다양했다. 한때는 대부분의 병원이 종교기관이나 사설 자선단체에 의해 운영되곤 했다. 그리고 이 시절, 돈을 대는 이들이 직접 병원을 이용하는 경우는 드물었다. 병원은 빈자를 위한 공간이었다. (영국만 하더라도 국가보건서비스의 도입으로 병원이 국영화되기 전, 병원은 대개 자선단체에 의해 운영되었다.) 그러나 19세기 말 현대적인 기법의 수술과 엑스선을 비롯한 여러 진단 도구가 등장하면서, 부자들의 발걸음은 병원을 향하기 시작했다. 영국의 자선병원은 이제 가진 자를 위한 병동을 따로 두고, 여기에서 벌어들인 돈으로 자선 병동을 운영하는 방식으로 운영되었다. 미국에서는 일찍부터 모든 환자가 수가를 지급하는 방식이 자리잡았다. 1880년대에 메이오 집안이 미네소타 주에 건설한 메이오 클리닉이 대표적이었다. 미국의 사설 병원이 제공하는 최신의 의료는 돈을 낼 여력이 있거나 민영보험에 가입한 사람만이 누릴 수 있는 서비스였다. 20세기 초반의 보험회사에 대해 우리는 어떤 평가를 해야 할까? 연구가 충분치는 않다. 다만 한 가지만은 확실하다. 많은 회사가 인도주의를 표방했지만, 그 이면에는 이윤이라는 동기가 놓여 있었다는 사실이다.

서구 사회의 의료를 살펴보면, 수많은 양의 청구서에 놀라게 된다. 병원과 환자뿐 아니라 제3의 지불자가 제도에 간여하기에, 비용 처리에 참으로 다양한 서류가 필요하다. 중앙정부와 지방정부, 종교단체, 보험회사, 자선단체, 독지가 등 수많은 사람과 단체가 진료비 지급 체계에 엮여 있다. 여기에 건축비와 난방비, 전기료, 건물 유지 및 보수비, 장비 구매비, 고용비 등 의료에 투입되는 비용은 지난 세기 이래로 점점 늘어만 가는 상황이다. 물론 미국에서와 같이 영리를 목적으로 하는 병원은 많은 비판을 받는다. 의학적 필요성보다는 환자의 보험 가입 여부를 더 중요하게 따지기 때문이다. 그러나 효율성을 따지거나 비즈니스 모델을 도입하는 일은 이미 예사가 된지 오래다. 19세기에 만성질환에 걸린 사람들은 얇아질 지갑을 걱정했다. 요즘도 비슷하다. 오늘날 병을 앓는 사람들은 행여 병원에 오래 입원하진 않을까, 그래서 보험의 보장 범위를 넘어서진 않을까 전전긍긍한다.

병원 재원 일수는 날이 갈수록 감소하고 있다. 재정적인 문제와 기술의 발전 덕분이다. 요즘에는 큰 수술을 하고도 되도록 빨리 퇴원을 시키려 한다. 의학적으로는 병원에 적게 머물수록 혈전증이나 욕창, 근육 쇠약이 줄어드는 탓이지만, 또 한편으로는 환자를 얼른 내보내는 편이 병원 재정에 도움이 되는 까닭이다. 예전이라면 병원에 입원한 후에야 시행되었을 여러 진단 과정이, 이제는 외래 진료를 통해 이루어진다.

앞서 이야기한 이런저런 문제에도 불구하고, 병원은 여전히 우리 삶에 꼭 필요한 존재이다. 여러 가지 이유가 있겠지만, 여기에서는 진단과 응급 치료, 수술이라는 세 가지 지점을 짚고 넘어가려 한다. 먼저 진단이다. 진단이라 하면 19세기 초반의 프랑스 병원이 떠오른다. 그들의 장기가 바로 진단이었기 때문이다. 하지만 오늘날을 사는 우리는 19세기와는 비교도 할 수 없을 정도로 다양한 검사를 받는다. 심장의 기능을 알아보기 위한 심장도관삽입, 현미경 검사를 위해 조직을 떼어내는 생검, 태아가 제대로 자라고 있는지 평가하기 위한 초음파 검사, 그리고 여기에 컴퓨터단층촬영(computed tomography, CT)과 자기공명영상(magnetic resonance imaging, MRI) 등, 과학과 기술의 발전에 힘입어 수많은 진단 기법이 개발된 덕분이다. 컴퓨터단층촬영과 자기공명영상은 몸안을 들여다보는 비침습적인 방법이다. 둘은 서로 다른 원리로 작동하는데, 컴퓨터단층촬영이 연속되는 영상을 촬영한 다음 컴퓨터를 이용하여 영상을 조합함으로써 몸안의 구조를 드러내 보인다면, 자기공명영상은 강한 자기장에 고주파를 전사시켜 영상을 얻는다. 두 기술에는 많은 공통점이 있다. 두 기술의 개발자 모

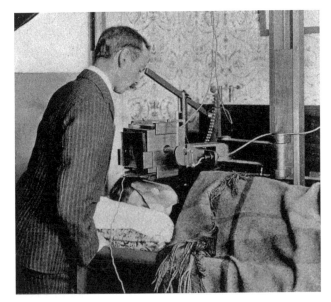

23. 치료용 엑스선. 엑스선은 개발 이후 오랜 시간이 지나지 않아 진단과 치료에 적극
적으로 활용되었다. 1902년의 사진을 보자. 기계는 보호 장치로 둘러싸여 있는
데, 당시로서는 흔치 않은 일이었다. 사진에서 보이듯, 의사가 보호 장구는커녕 흰
가운조차 착용하지 않던 시절이기 때문이다.

두가 노벨상을 받았다는 점이 하나, 인체 내부를 삼차원으로 들여다볼 수 있는 방식이라는 점이 둘, 그리고 기존에 이용되던 엑스선보다 연조직을 더욱 명확하게 보여준다는 점이 셋이다. 진단과 치료의 영역을 극적으로 넓혔다는 점도 같다. 이를테면, 과거에는 바늘생검을 시행하기 위해 수술을 해야 했지만, 요즘에는 수술 없이도 생검을 할 수 있는 경우가 많다. 마지막 공통점은 제작과 유지, 사용에 엄청난 돈이 들어간다는 점이다. 물론 차이점도 있다. 컴퓨터단층촬영에 비해 자기공명영상은 환자에게 적은 영향을 미치고, 연조직도 깨끗하게 보여준다. 자기공명영상이 컴퓨터단층촬영을 대체해가는 이유가 여기에 있다. 그러나 1980년대부터 차례로 등장한 두 진단 기법은 현대 의학의 힘과 비용을 상징적으로 보여준다는 점에서 크게 다르지 않다. 현대 의학은 강력하지만 비싸다. 그후에도 레이저나 광섬유를 비롯한 많은 기술이 개발되었고, 병원 의학의 모습 역시 나날이 달라졌다. 의사들은 예전보다 더 많은 정보를 얻을 수 있고, 더 많은 일을 할 수 있다. 그러나 동시에 의료의 비용 역시 그에 비례하여 늘어나고 말았다.[40]

두번째는 응급 치료이다. 외상은 군진의학뿐 아니라, 의학 일반에서도 중요한 주제이다. 현대사회에는 교통사고, 자상과 총상, 화상 등 다양한 위험이 존재한다. 테러 역시 마찬가지다.

제2차세계대전이 시작되면서 여러 유럽 국가는 다수의 민간인 사상자가 발생하는 만일에 대비하기 시작했다. 지금도 대규모 재난 상황에 대처하는 많은 대비책이 마련되어 있지만, 누가 뭐래도 사고와 급성질환에 대한 일차 방어선은 병원일 수밖에 없다.

급성질환을 앓거나 부상한 환자를 치료하기 위해 병원은 여러 시설을 설치하고 발전시켰다. 먼저 수술실을 살펴보자. 리스터의 이론에 따라 소독법과 무균법이 발달하면서 큰 규모의 수술이 가능해지자, 수술실에는 회복실이 추가로 설치되었고, 여기에 외과 환자를 전문으로 보는 간호사가 채용되기 시작했다. 이와 함께 수술 쇼크를 비롯한 여러 수술 후 합병증에 대처하는 방법도 마련되었다. 20세기에 들어서면서 혈압 등의 활력징후를 감시하는 기술과 정맥에 주사를 놓는 기법이 개발된 한편, 전간기(戰間期, 1918~1939) 동안 수혈의 안전성이 확보된 덕분이었다. 다음은 관상동맥 집중치료실이다. 1950년대가 되면서 심박동을 끊임없이 측정하는 방법이 마련되고, 초를 다투는 질병인 심근경색의 진단이 늘어나게 되자, 여러 병원은 급성기 환자의 치료를 위해 관상동맥 집중치료실을 설치했다. 사실 환자와 의료진이 치료받고 일하기에 그렇게 조용한 장소는 아니었기 때문에 1970년대까지만 하더라도 환자를 차라리 집으로 보내는 편이 좋지 않겠냐는 말이

나오기도 했다. 그러나 이러한 우려는 곧 사그라들었다. 급성기 심근경색의 주된 사망 원인 중 하나인 부정맥의 치료가 가능해지고, 소생술이 더욱 체계화된 결과, 관상동맥 집중치료실의 기능이 일신했기 때문이었다. 물론 높은 비용과 비인간적인 환경은 그대로였다. 그 밖에 뇌졸중이나 당뇨병혼수 등의 질병을 다루는 집중치료실도 추가로 갖추어졌다.

마지막은 수술이다. 현대 외과학은 병원과 불가분의 관계에 있다. 최소침습기술의 발전으로 영상의학과나 순환기내과, 소화기내과 등 비수술과 전문의의 시술이 늘었지만, 여전히 현대 의학에서 외과 의사가 차지하는 위상은 공고하다.[41] 그러나 노벨상 수상자 목록을 살펴보면 이야기는 달라진다. 업적보다 과소평가된 감이 없지 않기 때문이다. 이런 경향은 최근 더 심해졌다. 처음에는 그렇지 않았다. 에밀 테오도어 코허(Emil Theodor Kocher, 1841~1917)는 갑상선 수술에 대한 연구로 노벨상을 수상하였고, 알렉시 카렐(Alexis Carrel, 1873~1944) 역시 혈관 봉합술을 개척한 공로로 같은 상을 받은 바 있었다. (따지고 보면 카렐은 조직배양에 대한 연구로 수상했다고 하는 편이 더 합당하다.)[42] 1966년에는 캐나다 출신의 비뇨기과 의사 찰스 허긴스가 호르몬을 이용한 전립선암 치료법의 발견으로 노벨상을 받았다. 발견 자체는 1941년의 일이니 수상까지 사반세기가 걸린 셈이다. 그 외에도 포르투갈의 신경학자 안토

니우 에가스 모니스(Antonio Egas Moniz, 1874~1955)가 전전 두엽절개술로 1949년, 영예의 전당에 이름을 올렸다. 물론 오늘날의 눈으로 보면 어딘가 당혹스러운 면이 없지 않은 종류의 수술이었다. 아무튼, 노벨상의 영광은 여기까지였다. 사실 인류에 기여한 바를 헤아려보면, 고관절 치환술을 개발한 영국의 정형외과 의사 존 찰리(John Charnley, 1911~1982)는 노벨상을 받고도 남을 만한 인물이었으나, 결국 그러지 못했다. 심장도관삽입의 개발에 공동 수상이 이루어진 1956년에도 외과 의사는 수상자 목록에 포함되지 못했다. 이러한 흐름이 이어져, 오늘날에는 많은 비수술과 전문의가 외과 시술을 시행한다.[43]

　최근 들어 외과학 부문에 노벨상이 수여된 경우는 단 한 번뿐이다. 장기이식 수술을 개척한 세 명의 의사가 주인공이었다.[44] 그러나 이식 수술은 외과학의 첨단인 동시에 면역학의 영역이기도 하다. 이식된 조직과 장기를 '외부'로 인식하여 거부하고 공격하는 이식편대숙주반응이 존재하기 때문이다. 신장을 제외하고는 대개 사망자로부터 장기를 공여받아야 하지만, 오늘날 신장이나 심장, 간 이식은 비교적 흔한 일이 되었다. 장기이식이란 분명 과학과 외과학이 우리에게 가져다준 기적과도 같은 일이다. 물론 딜레마가 없지는 않다. 먼저 수혜자는 평생토록 주치의의 관리를 받아야 한다. 꽤 오랫동안 면역억제제를 투여받아야 하고, 이로 인해 감염에 취약해는 등의 부작용을 앓을 수 있기 때문이다. 또하나의 문제는 수술에 쓰일 장기가 충분치 않다는 점이다. 그런 탓에 국제적인 규모의 암시장이 생기게 되었고, 개발도상국의 가난한 이들은 선진국의 가진 이들에게 장기를 매매한다.

병원은 생명을 살리는 곳이다. 의학 교육과 임상 연구의 중심지이기도 하다. 그러나 병원은 중대한 구조적 문제를 겪고 있다. 하나는 앞에서도 언급한 바 있는 재정이다. 많은 병원이 자선과 봉사를 표면에 내세우지만 그렇다고 돈에 무심할 수는 없나. 항생제 내성은 또다른 문제다. 병원균의 처지에서 항생제가 많이 쓰일 수밖에 없는 환경이란 곧 진화의 기회나 다름없다. 미생물의 유전정보는 끝없이 변한다. 그리고 그 과정에서 항생제를 이겨내는 돌연변이가 발생하는 경우, 미생물은 항생제 내성을 얻게 된다. 다윈이 말한 적자생존이다. 흔한 세균인 포도구균을 예로 들어보자. 대개 종기를 일으키지만, 때로는 더 심한 병의 원인이 되는 미생물이다. 기적의 약 페니실린이 등장하던 1940년대, 많은 이들은 포도구균의 정복을 전망했다. 그러나 곧 내성균주가 등장하였고, 다른 항생제가 개발되는 족족 같은 일이 벌어졌다. 그렇게 유명한 메티실린 내성 황색포도구균(Meticillin Resistant *Staphylococcus Aureus*, MRSA)이 나타났다. 병원 내부만의 문제는 아니다. 사람들이 병원 안팎을 자유롭게 이동한다는 점을 고려한다면, 이는 지역사회의 문제이기도 하다. 상황은 점점 나빠지고 있다. 말라리아, 결핵, 에이즈를 일으키는 병원체도 내성을 보이는 실정이다.

모든 사태의 원인은 병원이라는 시설이 아닌 인간에 있다. 그리고 그 결과, 오늘날 병원 곳곳에는 약물에 내성을 가진 병원체가 널려 있다. 그런 탓일까, 오늘날 병원은 '치유의 집'이 아닌 '죽음으로의 관문'이라는 과거의 별명으로 불리곤 한다.

지역사회 의학: 우리 손에 쥐어진 우리 건강

19세기를 거치며 서구 세계 전반에는 보건 인프라가 구축되었다. 공중보건을 앞다투어 주장했던 여러 인물 덕분이었다. 물론 국가에 따라 달랐던 이념 탓에, 인프라가 구성되는 속도와 방향은 각기 다를 수밖에 없었다. 여기에 더해, 의학 이론의 발전 역시 공중보건의 향상에 크게 기여했다. 감염병의 원인이 밝혀진 이후로 많은 일이 훨씬 더 효율적으로 진행될 수 있었기 때문이다. 그렇다 해도 인프라의 의의는 여전하다. 의무담당관과 식수 및 식품분석가, 공장 및 건축물감독관, 위생감독관, 방문간호사와 같은 여러 인력, 그리고 강제권이 수반된 여러 규제가 없었더라면 위생 개혁은 불가능했을

24. '글래스고 엑스선 운동'. 결핵을 억제하기 위해 일반 대중에게 엑스선 촬영을 권하는 광경이다. 1930년대부터 심심치 않게 볼 수 있었다. 이 사진은 1957년 글래스고에서 찍힌 것인데, 마치 놀이기구 같은 모습이 인상적이다. 엑스선은 유행의 최첨단인 동시에, 옷을 벗을 필요가 없는 정숙한 진단 도구로 홍보되었다.

테다. 많은 이는 공중보건이 '공중'이라는 이름에 걸맞게 사회 구성원 모두에게 도움이 되리라 기대했다.

실제로도 그러했다. 특히 가난한 이들이나 아이, 노인, 가임기 여성과 같은 사회 취약 계층이 가장 큰 혜택을 누렸다. 이렇게 20세기를 전후로 공중보건 운동은 정당성이라는 외피를 걸칠 수 있었다. 한편, 어떤 역사가는 전쟁이 공중보건의 발전에 큰 영향을 미쳤다고 주장했다. 말인즉슨, 제2차 보어전쟁(1899~1902)이 발발한 덕분에 공중보건의 문제가 수면 위로 떠올랐다는 의견이었다. 젊은이들을 징집하고 신체검사를 시행한 결과 빈민가에서 온 이들의 건강 상태가 적나라하게 드러났고, 대영제국의 미래를 위해 국민의 건강을 일정 수준 이상으로 끌어올려야 한다는 인식이 퍼진 것이다.[45] 다른 나라도 마찬가지였다. 국가의 미래에 대한 두려움은 공중보건의 개선과 출산 촉진 운동으로 이어졌다. 그러나 우생학 운동은 같은 사태에 대해 다른 의견을 내어놓았다. 하층민이 문제라면 종족 퇴화를 막기 위해 오히려 그들의 출산을 억제해야 한다는 주장이었다. 우생학 운동과 함께 공중보건은 새로운 국면으로 접어들었다. 오래도록 공중보건은 오물 문제나 인구 밀집, 도덕적 문란 등 사람이 살아가는 환경에 집중했다. 그러나 세계 패권의 유지를 위해 가치 없는 이들의 번식을 끊어내야 한다는 새로운 생각 앞에, 이제 공중보건은 유전의 문제를 다루기 시작했다.

잘 알려져 있듯 우생학은 나치 독일에서 정점에 달했다. 인종에 따른 태생적 우열함을 가정하고 유대인이나 집시 등을 열등하게 바라보는 야만적인 생각이 모두를 사로잡았다. 한편 무자비한 교조주의를 바탕으로 작동하던 나치 이데올로기는 깨끗한 공기와 운동의 중요성, 담배와 술의 해로움 등을 강조하기도 했다. 이보다 더한 아이러니가 또 어디에 있을까. 이처럼 '건강한 생활습관'이라는 개념은 다양한 뿌리에서 비롯했고, 개중에는 썩은 갈래도 없지 않았다.

나치가 인종 간의 위계를 극단으로 밀어붙이긴 했지만, 사실 인종주의는 당시 꽤 만연해 있었다. 아무튼, 공중보건의 수준은 나라에 따라 천차만별이다. 선진국에서는 감시와 규제의 빈틈에 비난이 쏟아지지만, 감시는커녕 그 엇비슷한 것 하나 찾아볼 수 없는 개발도상국에서는 오늘날까지도 옛날 옛적의 위생 운동이 진행중이다. 또한, 현재 비만이나 운동 부족에 골머리를 앓는 서구 사회와 달리, 가난한 나라들은 높은 소아사망률과 모성사망률, 유행병, 빈곤, 기아, 불량한 위생 등과 씨름한다. 19세기에 나고 죽은 채드윅이 맞서 싸웠던 문제들이다. 채드윅은 깨끗한 물과 적절한 오물 처리를 통해 불결병에서 비롯한 이런저런 문제를 해결할 수 있으리라 보았다. 그로부터 오랜 시간이 지났지만, 아직도 어떤 이들에게 그것은 요

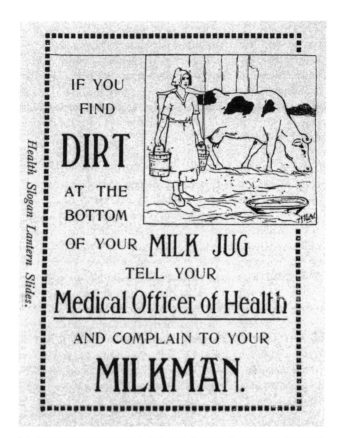

Health Slogan Lantern Slides.

IF YOU FIND **DIRT** AT THE BOTTOM OF YOUR MILK JUG TELL YOUR Medical Officer of Health AND COMPLAIN TO YOUR **MILKMAN.**

25. 보건교육중앙위원회에서 만든 우유 오염 예방 포스터. 1929년에 제작된 환등 슬라이드에 실려 있다. 파스퇴르 살균법이 강제되기 전까지 우유는 결핵을 매개 하는 주된 감염원이었다. 물론 결핵 외에 다른 문제도 없지 않았다. 포스터에는 우유에서 이물질을 발견되면 우유 배달원에게 불만을 접수하고, 의무담당관에게 관련 사실을 신고하라고 적혀 있다.

원한 미래일 뿐이다.

 제국은 바다 건너 식민지에서도 공중보건 사업을 진행했다. 인도의 콜레라와 말라리아를 해결하기 위해 많은 노력을 기울였던 영국이 대표적이다. 사실 '열대병'이라는 말이 무색하게, 콜레라와 말라리아는 유럽인에게 그리 낯설지 않은 병이었다. 하지만 '열대의학'이 의학의 한 분과 학문으로서 제 기틀을 갖출 때까지는 얼마간의 시간이 필요했다. 인도 의무성(Indian Medical Service)에 근무하던 로널드 로스(Ronald Ross, 1857~1932)가 말라리아와 얼룩날개모기(*Anopheles*)의 관계를 규명하는 등, 열대의학만의 지식이 쌓여야 했기 때문이다. 로스의 멘토인 패트릭 맨슨(Patrick Manson, 1844~1922)에 따르면, 열대의학은 곤충에 의해 전파되고 세균성 질환보다 복잡한 생활 주기와 전파 방식을 보이는 질병을 다룬다. 말라리아는 열대기후뿐 아니라 온대기후에서도 나타나지만, 그 점을 제외한다면 맨슨의 모델에 꼭 들어맞는 병이었다. 특히 말라리아가 세균이 아닌 열원충(*Plasmodium*)에 의해 발병한다는 점은, 열대에서 곤충이나 기생충 등이 문제가 되리라 전망했던 맨슨의 믿음에 정확하게 부합하는 사실이기도 했다. 맨슨은 1897년과 1898년에 발표된 로스의 연구 성과를 이용하여, 정부로 하여금 열대의학을 전문으로 가르치는 학교를 설립하도록 설득했다. 1898년의 일이다. 결과는 성공적이었고, 1899

년 런던 열대의학교가 개교했다. 런던뿐만이 아니었다. 그보
다 몇 개월 전에는 리버풀 열대의학교가 문을 열었고, 제1차
세계대전이 발발하기 전까지 수많은 학교와 연구소가 설치되
어 운영되었다.[46]

아시아와 아프리카를 비롯한 여러 열대지방에는 고유의 풍
토병이 있었고, 열대의학교가 설립된 이유 또한 여기에 있었
다. 제국에는 열대병에 대처할 수 있는 전문가가 필요했다. 식
민지 주민을 기독교 신자로, 문명인으로, 그리고 상품으로 만
들기 위해서였다. 여러 역사가가 애써 침묵하지만, 온전히 자
기 잇속에만 골몰하던 식민지 정부에게 '원주민' 따위는 딱히
신경쓸 필요가 없는 존재였다. 유럽의 군인과 상인, 농장주, 관
리가 안전하게 지낼 수만 있다면 그것으로 충분했다. 여기에
연루되었던 인물들의 동기와 경력을 냉정하게 살펴본다면, 그
미묘한 역사를 다시 쓸 수 있으리라. 물론 문명의 사리사욕 덕
분에 열대병 몇 가지가 사그라든 것도 사실이다. 그리고 이렇
게 만들어진 평화로움 속에서, 아시아의 유럽인들은 식민지의
문화를 향유하기도 했다. 사하라 사막 이남의 아프리카에서는
상황이 조금 달랐는데, 창궐하던 질병이 하나같이 보통이 아
니었던 데다, 문자문화가 부재한 탓도 있었다. 이러한 점을 종
합적으로 고려해본다면, 제국의 의료와 공중보건을 단순히 착
취로 설명하는 일 또한 사실에 대한 적확한 서술은 아닐 게다.

　제1차세계대전 이전, 대부분의 '열대의학'은 식민지를 관리하는 식민 권력에 의해 연구되고 실행되었다. 예외는 선교의료였다. 말 그대로 의료 서비스를 제공하고, 기독교를 선전하기 위한 활동이었다. 선교사들은 대개 제국의 울타리 안에 진료소와 병원을 세우고 의사와 간호사를 배치했지만, 때로는 울타리 저편에서 활동하기도 했다. 국제 보건 운동에 대해서도 짚고 넘어가야겠다. 시작은 제1차세계대전 이후 창설된 국제연맹이었다. 국제 보건이라지만 처음에는 전쟁의 상흔을 입은 동유럽 등에 국한되었고, 미국 정부 역시 국제연맹 활동에 미온적이었다. 전간기에는 외려 록펠러 재단의 사업이 두드러졌다. 재단은 서구식 의학교와 연구기관, 수련 병원의 설립에 주력했고, 특히 유럽이나 라틴아메리카 등 현지의 지원을 바탕으로 사업의 연속성이 확보될 수 있는 지역에서 활발하게 활동했다. 물론 말라리아와 주혈흡충, 구충이 있는 곳이라면, 어디든 가리지 않고 찾아갔지만 말이다.

　국제주의는 제2차세계대전이 끝나고 국제연합과 세계보건기구 등이 설립된 후에야 비로소 확립될 수 있었다. 그리고 그 시절부터 지금까지, 세계보건기구는 복잡다단한 현실과 씨름하며 원대한 목표를 향해 달려가고 있다. 앞서도 이야기했지만, 전간기와 그 이후 얼마 동안은 수직적 프로그램이 유행했다. 특정한 전파 방식을 보이는 질환 몇 가지를 박멸함으로써,

가난한 나라의 보건 상황을 개선할 수 있다는 생각이었다. 이에 따라 세계보건기구는 1950년대부터 몇십 년간 천연두와 말라리아 문제에 몰두했다. 1955년에는 세계보건기구 총회를 열어 말라리아 프로그램의 시행을 승인했는데, 그 배경에는 디디티(DDT)가 있었다. 제2차세계대전이 한창일 때 개발되어, 전장의 말라리아와 발진티푸스를 막는 데 요긴하게 사용된 바로 그 살충제다.

영국의 로스와 이탈리아의 조반니 바티스타 그라시(Giovanni Battista Grassi, 1854~1925)가 얼룩날개모기의 역할과 열원충의 생활 주기를 밝힌 이후, 말라리아는 금방이라도 박멸될 것만 같았다. 모기가 서식하는 습지를 말리고, 기름을 뿌린 다음, 일종의 모기 순찰대인 '모기 여단'을 조직하여 더이상의 번식을 막는다면, 말라리아 정도야 우습게 처리할 수 있다는 전망이었다. 게다가 질병을 치료하고 예방할 수 있는 퀴닌까지 있지 않은가. 삶의 마지막 30년을 보내며, 로스는 이렇게 주장했다. 충분한 자원만 있다면 말라리아는 예방될 수 있다. 지식은 이미 마련되었고 필요한 것은 오직 의지와 예산뿐이다.

로스는 수직적 프로그램이 기대 이상의 성과를 가져오리라 보았다. 말라리아를 근절한다면, 노동력의 개선이 가능할 테고, 그렇게 된다면 과거와는 비교도 할 수 없는 수준의 경제성장이 가능할 것이었다. 그러나 다른 연구자들은 수평적 프로그램을 옹호했다. 유럽에서처럼 생활환경의 개선과 경제성장, 교육이 제대로 이루어진다면, 별다른 조치 없이도 말라리아가 자연스럽게 사라지리라는 주장이었다. 더 나아가 그들은 수직적 프로그램이 가져올 역설적인 영향을 고민하기도 했다. 아프리카와 같이 말라리아가 풍토병처럼 유행하는 지역에서는 자연 노출에 의한 면역이 형성되기 때문에, 퇴치 사업으로 '자연' 면역이 사라져 외려 말라리아가 창궐할 수도 있다는 우려였다.

디디티의 등장과 함께, 수직적 프로그램에 대한 이런저런 근심들은 모두 사라져버렸다. 저렴한데다 분사 후에도 잔류 효과를 나타내는 디디티는, 말라리아에 대한 기술의 승리를 약속했다. 몇십 년 안에 말라리아를 박멸한다는 계획이 세워졌다. 예외 지역도 있었지만, 워낙에 유행이 지독한 곳이었다. 그리고 전후의 낙관적인 분위기 속에서, 드디어 프로그램이 시작되었다. 그러나 프로그램은 시작부터 난관에 부딪혔다. 분사 기구가 배달된 곳에는 디디티가 없고, 디디티가 배달된 곳에는 분사 기구가 없었다. 현장 작업자를 훈련하는 일도 더디고 고생스러웠다. 지역의 상황에 따라 프로그램은 성공하기도, 또 실패하기도 했다. 여기에 환경 운동의 반대가 더해졌다. 1962년에 출간된 레이철 카슨(Rachel Carson, 1907~1964)의 『침묵의 봄Silent Spring』을 필두로 많은 사람이 디디티의 사용에 이의를 제기했고, 1960년대의 저항운동은 디디티로 수익을 올리는 대기업의 활동에 비난을 퍼부었다. 설상가상, 디디티에 내성을 가진 모기가 나타나기도 했다.

1969년이 되자, 말라리아 박멸 계획은 억제 계획으로 슬며시 이름을 바꿔 달았다. 요란한 시작과는 사뭇 다른 풍경이었다. 물론 성과가 아예 없지는 않았다. 실제로 말라리아를 박멸하는 데 성공한 지역이 있었기 때문이다. 제2차세계대전 당시 말라리아 문제로 골머리를 앓던 이탈리아와 스페인, 포르투갈, 그리고 그리스와 같은 지중해 연안의 저개발국이 바로 그러한 예였다. 그 외에도 스리랑카가 박멸에 근접한 성과를 보였고, 인도의 발병률도 극적으로 감소했다.

이런저런 말이 따라붙는 말라리아와 달리, 천연두 박멸 계획은 현대 의학의 승리로 칭송된다. 1977년에 마지막으로 자연 감염자가 보고된 이후, 1980년 5월에 박멸이 선언되었기 때문이다. 누구도 부정할 수 없는 위업이다. 그러나 따지고 보면 천연두 박멸은 국제사회의 협력과 선의의 산물이지, 의과학의 업적은 아니다. 천연두와의 싸움에 동원되었던 무기들은 '과학' 이전에도 존재했다. 예방접종은 오래전부터 내려오던 민간요법에서 비롯했으며, 환자를 추적하고 격리하며 집단 접종을 시행하는 일 또한 예전부터 관례처럼 해오던 일이었다. 천연두는 동물병원소가 없어 사람에서 사람으로 직접 전파되

26. 제2차세계대전 당시 병사들에게 뿌려진 말라리아 예방 홍보물. 예방의학은 제2
차세계대전에서 중요한 역할을 맡았다. 병사들에게는 당시 상용되던 항말라리아
제제인 아테브린(Atebrin)의 복용이 권장되었다. 중동과 남부 유럽, 아시아 등지의
전쟁터에서 말라리아는 현재의 문제이기도 하다.

기 때문에, 그리고 격리와 예방접종으로 조절 가능했기 때문에 박멸될 수 있었다. 다시 말해, 천연두 박멸은 행정의 승리였다. 물론, 그렇다고 그 의미가 퇴색되지는 않는다.

이처럼 개별의 질병에 초점을 맞추는 수직적 프로그램은 오늘날에도 여전히 유의미하며, 성공 사례도 적지 않다. 소아마비 역시 박멸을 앞두고 있고, 메디나충증과 회선사상충증도 어느 정도 수그러들었다. 한편, 사람들은 일차의료에도 관심의 끈을 놓지 않았다. 알마아타 국제 회의 이후, 수평적 프로그램은 국제보건의 핵심 목표로 격상되었다. 하지만 이는 의료 및 사회 인프라가 구축되어야 공중보건과 의료가 지속될 수 있다는, 뻔하디뻔한 말의 반복일 뿐이었다. 수평적 프로그램의 진행은 더디기만 했다. 커져만 가는 국가 간 빈부 격차, 약제 내성 말라리아와 결핵의 출현, 에이즈의 유행, 그리고 전쟁까지, 지난 몇십 년의 세월 동안 참으로 많은 일이 있었기 때문이다. 성과가 없지는 않았지만, 분명 후퇴가 더 많았던 시간이었다. 앞날은 어둡기만 하다.

알코올중독, 마약, 약제 내성 결핵과 에이즈, 비만 등은 비단 서구만의 문제가 아니다. 가난한 나라도 같은 고민을 한다. 그리고 몇십 년 후에는, 서구발 시한폭탄이 하나 터질 예정이다. 바로 담배다. 담배와 폐암의 직접적인 연관성은 현대 역학에 의해 밝혀졌다. 전간기를 거치며, 여러 임상의와 통계학자들은 폐암에 관심을 두었다. 그전만 하더라도 흔치 않았던 병이 뚜렷한 증가세를 보였기 때문이다. 1940년대 말이 되자 폐암 문제는 심각한 수준에 이르렀고, 영국 의학연구회(Medical Research Council)는 수학에 소질이 있던 임상의와 통계학자 둘에게 폐암의 확산과 원인에 대한 조사를 의뢰했다. 그 유명한 리처드 돌(Richard Doll, 1912~2005)과 오스틴 브래드포드 힐(Austin Bradford Hill, 1897~1991)이었다. 현대사회의 환경오염과 자동차 배기가스, 도로에 깔린 타르가 원인일 것이란 막연한 추측과 함께 연구가 시작되었다.

그들은 먼저 런던 소재 병원에 입원한 환자를 대상으로 설문 조사를 시행했다. 폐암과 간암, 대장암 환자들에게 설문지가 돌아갔다. 결과는 충격적이었다. 심각한 흡연자들이 대부분 폐암 환자군에 몰려있었고, 다른 종류의 암 환자군에는 없었다. 때마침 1950년 미국에서 발표된 연구 역시 비슷한 결과를 보였다. 부검 통계에 따르면, 폐암 환자군은 높은 흡연율을 나타냈다. 이와 같은 결과를 바탕으로 돌과 힐은 전향연구를 계획했다.[47] 3만 4000명이 넘는 영국의 의사들이 연구 대상자로 참여하는 데 동의했다. 면허 명부에 주소 변경을 의무적으로 신고해야 하는 직업인 터라, 추적 관찰이 아주 용이하다는 장점이 있었다. 의도한 바는 아니었지만, 다른 수확도 있었다. 흡연 습관과 폐암 발병의 상관관계가 밝혀진 이후 돌을 포함한 여러 흡연자가 담배를 끊으면서, 자연스럽게 흡연 여부에 따른 수명의 비교가 가능해졌기 때문이다. 연구는 그 이후로도 계속되었다. 중간 결과를 취합한 논문이 정기적으로 출간되었고, 2004년에는 돌과 다른 연구자들이 50년의 추적 관찰을 총정리한 논문을 발표했다. 설계 자체는 간단하지만 실행만큼은 극히 까다로웠던, 의학의 역사를 찬란히 빛낸 '사회적' 실험이었다. '실험'이 끝난 오늘날, 흡연에 대한 연구는 차고 넘친다. 그러나 돌과 힐의 의의를 잊을 수는 없다. 그들은 '생활습관 의학'의 아버지다.[48]

'생활습관 의학'은 이미 우리 생활 구석구석에 들어와 있다. 새로운 조어가 만들어진 후 겨우 20년 만의 일이다. 지역사회 의학의 연구를 종합해보면, 생활습관은 개개인의 건강에 적지 않은 영향을 미친다. 다시 말해, 우리의 건강과 안녕은 우리의 선택에 크게 좌우된다. 사실 의학의 황금기였던 1940년대부터 1970년대까지만 하더라도, 우리는 어떻게 살건 결국 의사가 우리의 몸을 고쳐주리라 믿었다. 항생제, 진정제, 호르몬제, 피임제를 비롯한 이런저런 약이나 수술과 같은 치료가 있기에, 건강의 시대가 머지않았다는 전망이었다. 그러나 의학이 발전에 발전을 거듭한 오늘날, 모두가 건강한 그날을 향한 우리의 믿음은 예전만 같지 않다. 알코올중독과 흡연, 약물 남용, 성병, 비만, 기름지고 짠 패스트푸드, 공장식 농업을 비롯한 현

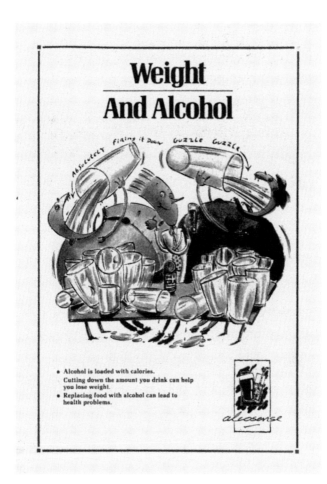

27. 비만 및 알코올 남용 예방 포스터. 1992년에 제작된 이 포스터는 알코올 남용이 비만을 비롯한 여러 가지 문제로 이어질 수 있음을 알린다. 생활습관 의학의 실제를 보여준다.

대 서구 사회의 낡고 새로운 특징들이 건강을 위협하기 때문이다. 앞서 나는 의사와 환자의 관계를 이야기하며, 환자에게 권력의 일부가 이양되었음을 지적한 바 있다. 그뿐이 아니다. 환자는 이제 건강에 대한 책임도 나누어갖는다.

히포크라테스는 절제를 강조했다. 그리고 오래도록 의사들은 무엇이 옳고 무엇이 그른 행동인지 판단하는 일종의 도덕 경찰을 자임해왔다. 물론 도덕과 부도덕의 기준은 문화에 따라 다르다. 근대 초기에는 매독 병변이 명예의 훈장처럼 여겨졌고, 전간기에는 육류와 크림, 달걀이 잔뜩 차려진 식사가 권장되기도 했다. 흡연이 여성해방의 상징으로 생각되던 시대도 있었다. 사회는 끝없이 변하고, 의학이 권고하는 바도 마찬가지다. 하지만 아무리 생각해봐도, 오늘의 의학이 어제의 의학보다 못할 수는 없다. 의사와 의과학을 믿지 않는 이들도, 알게 모르게 역학 연구의 성과를 누리고 있을 테다. 그래도 모든 것이 의심스럽다면, 좋다. 건강이란 중용에 달려 있다는 히포크라테스의 가르침을 명심하라.

실험실 의학: 새로움에 대한 변치 않는 약속

현대의 의과학 실험실은 보통의 사람들과 그리 멀지도, 그리 가깝지도 않은 존재다. 과학자들은 무언가 중요한 이야기를 하기 위해 자주 기자회견을 열고, 언론은 하루가 멀다고 의과학을 다룬 기사를 싣는다. 수고롭기는 하지만, 인터넷으로 여러 정보를 얻을 수도 있다. 그러나 어떤 조사에 따르면, 정보화사회인 오늘날에도 건강과 과학에 대한 무지는 우려할 만한 수준이라고 한다. 사실 늘 그랬다. 물리학자이자 소설가였던 찰스 퍼시 스노(Charles Percy Snow, 1905~1980)는 '두 문화'라는 개념을 이용하여, 문화 일반에 대한 과학자의 무지보다 과학에 대한 비과학자의 무지가 훨씬 심각한 문제라고 주장했다. 자신의 주장을 책으로 정리하여 발표한 1959년 이전부터 스노의 주장은 많은 이들의 공감을 받았고, 지금도 그러하다. 무지 자체야 특별할 게 없지만, 과학과 의학에 대한 무지는 특히 그 정도가 심한 탓이다.

세부 사항까지 속속들이 정통한 건 아니겠으나, 사람들 대부분은 21세기의 의학이 의과학에 크게 빚지고 있다는 사실을 익히 잘 알고 있다. 신약 개발이나 최근의 인간게놈프로젝트, 줄기세포 연구 등이 그 예다. 물론 이 책에서 게놈이나 줄기세포 이야기를 하려는 건 아니다. 여기에서는 약에 초점을 맞춘다. 효과 좋은 약이 쏟아져나오면서, 현대 의학의 모습이 크게 달라졌기 때문이다. 실험실 밖의 우연한 발견도 있겠지만, 약 대부분은 실험실의 산물이다. 19세기를 살았던 베르나르의 말은 오늘날에도 유효하다. 실험실은 두말할 나위 없는 실험의학의 성소다.

아스피린과 페나세틴, 클로랄 하이드레이트, 바르비투르산염.[49] 19세기 말 즈음부터 출시된 여러 약은 뛰어난 효능 덕분에 오래도록 많은 사람에게 인기를 끌었다. 화학구조 역시 간단해서 당대의 기술로도 쉽게 생산할 수 있을 정도였다. 여담이지만, 아스피린에는 몇 마디 악평이 따라붙곤 한다. 오늘날이라면 안전 기준을 통과하지 못해 결코 출시될 수 없었으리라는 평이다. 속쓰림과 같은 위장관 부작용이나, 자살에 이용될 가능성 때문이다. 처음부터 의도된 용법은 아니었지만, 저용량의 아스피린은 혈액 응고를 막아 심근경색과 뇌졸중을 예방한다. 개개인에 대한 효과를 장담할 수는 없어도, 인구 집단 전체를 따진다면 분명 쓸모있는 치료법이다. 보통은 소염과 해열, 진통을 목적으로 쓰이며, 작동 기전은 아스피린이 상용화되고 몇십 년 후에야 밝혀졌다.[50]

그 이후 1920년대까지 수많은 약이 개발되었다. 화학적 제제는 물론이고, 백신과 항혈청 등의 생물학적 제제도 적지 않았다. 그중에서도 인슐린은 단연 독보적인 존재였다. 인슐린은 1921년에 발견되었다. 임상에서 생리학으로 전향한 젊은 의사와 의대생의 합작이었다. 토론토 대학의 프레더릭 밴팅(Frederick Banting, 1891~1941)은 존 매클라우드(John Macleod, 1876~1935) 교수에게 실험실 사용을 부탁했다. 허가가 떨어졌지만, 조건이 있었다. 매클라우드가 여름 휴가로 자리를 비우는 몇 주만 허락한다는 내용이었다. 밴팅은 곧바로 실험을 시작했고, 당시 아직 의대생이었지만 훗날 저명한 생리학자가 되는 찰스 베스트(Charles Best, 1899~1978)가 췌장 호르몬의 분리를 도왔다. 결과는 놀라웠다. 분리된 물질이 당뇨 환자의 혈당 수치를 낮추었기 때문이다. 몇 년이 지나기도 전에 밴팅과 매클라우드는 노벨상을 받았고, 그들은 실험을 도운 베스트와 인슐린의 정제에 관여한 화학자 제임스 콜립(James Collip, 1892~1965)과 함께 상금을 나누었다. 인슐린의 발견은 단번의 실험이 여러 가지 결과로 이어진 전형적인 예였다. 실험 직후 임상적 의의가 밝혀졌으며, 이에 따라 노벨상이 재빠르게 수여되었다. 상용화 역시 기민하게 진행되었다. 일 년이 되기도 전에 새로운 약이 시판되었고, 이로써 많은 이들이 생명을 유지할 수 있게 되었다. 한편 인슐린은 실험의학과 현대 의료의 특징을 오롯이 보여주는 하나의 범례이기도 하다. 인슐린이란 어디까지나 당뇨를 '조절'하는 약이지, '완치'를 기대할 수 있는 치료제가 아니다. 환자들에게는 여전히 여생을 함께해야 할 장해가 남아 있다. 더 좋은 약과 더 좋은 투약법이 개발된 오늘날에도, 인슐린 의존 당뇨병은 수많은 합병증의 가능성이 상존하는 평생의 질병이다. 모두가 완치를 기대하지만, 현실은 일생에 걸친 관리와 조절뿐이다. 물론 약이 없

을 때보다야 훨씬 나은 상황이다. 그러나 우리가 꿈꾸던 장밋
빛 미래는 결코 이렇지 않았다. 의학은 아직 사람의 몸을 따라
잡지 못하고 있다. 뼈아픈 사실이다.

한계가 없는 건 아니지만, 어찌되었건 인슐린은 크나큰 혁
신이었다. 당뇨병 혼수 환자라도 포도당과 인슐린만 있으면
번뜩 제정신을 차리곤 했다. 실험실을 향한 사람들의 기대는
한껏 높아졌다. 여기에 악성빈혈의 치료가 성공을 거두었으니
희망은 점점 부풀어만 갈 뿐이었다. 악성빈혈은 이름에 걸맞
게 사람을 지치고 쇠약하게 하는 병이었다. 때로는 죽음을 피
하지 못하는 경우도 있었다. 해결책은 이번에도 실험실에서
발견되었다. 개를 이용한 동물실험을 통해 밝혀진 치료법은,
바로 생간의 섭취였다. 환자들이 기대한 선택지는 아니었겠지
만, 그래도 가만히 앉아 있는 것보다야 좋은 방법이었다.[51]

실험실에서의 연구로, 다양한 혁신이 이어졌다. 혈액형의
분류로 안전한 수혈이 가능해졌고, 여러 병에 대한 백신이 개
발되는 한편, 바이러스에 대한 연구도 심화되었다. 사실 그
때까지만 해도 과학에 근거한 의학은 공공의 영역에 놓여 있
었다. 상황은 제2차세계대전을 전후로 달라졌다. 오늘날 흔
히 볼 수 있는 거대과학의 시작이었다. 항생제의 한 종류인
술파제를 예로 들 수 있겠다. 여러 종류의 세균에 항균 효과
가 있었고, 그로써 분만 과정에서 걸릴 수 있는 일종의 감염

병인 산욕열의 사망률을 낮추는 데 기여한 약이다. 제2차세계대전이 발발하기 몇 년 전에 만들어진 탓에, 개발자인 게르하르트 요하네스 파울 도마크(Gerhard Johannes Paul Domagk, 1895~1964)는 노벨상 수상자로 선정되고도 상을 받지 못했다. 나치 정권의 강압 때문이었다.[52] 전쟁의 여파는 여기서 끝이 아니었다. 전쟁으로 국제 특허 체계가 제대로 작동하지 않았다. 술파제는 독일 외의 다른 나라에서도 대량으로 생산되었고, 전쟁 초반 수많은 이들의 목숨을 구했다. 전쟁이 끝날 때쯤에는 페니실린이 개발되어 술파제의 자리를 대신했다.[53]

이야기가 나왔으니 말이지만, 페니실린만큼 대단한 약도 없다. 개발에 얽힌 일화조차 그렇다. 일설에 따르면, 1928년에 알렉산더 플레밍(Alexander Fleming, 1881~1955)이 페니실린을 발견한 과정은 우연의 연속이라 해도 과언이 아니다. 우연히 페트리접시의 뚜껑이 열려 있었고, 또 우연히 접시에 곰팡이 군체가 자랐다. 플레밍은 이렇게 자란 곰팡이 군체에서 새로운 물질을 추출하고, 페니실린이라는 이름을 붙였다. 그러나 그의 발견은 한동안 이렇다 할 주목을 받지 못했다. 치료 목적으로 이용해보려는 시도가 없진 않았지만, 큰 의미는 없었다. 그렇게 10여 년의 시간이 지났다. 제2차세계대전이 발발했고, 옥스퍼드 대학교의 병리학 교수였던 하워드 월터 플로리(Howard Walter Florey, 1898~1968) 연구팀은 세균감염에 대처할 새로운 치료제 개발에 착수했다. 후보를 물색하던 그들의 눈에 페니실린이 들어왔다. 워낙에 물자가 부족한 전시 상황인 탓에 장비라 해봤자 임시변통 수준이었지만, 그것으로도 충분했다. 약효를 증명할 수 있을 정도로 넉넉한 양의 페니실린이 모였고, 비로소 첫번째 환자에 대한 치료가 시작됐다. 장미 가시에 찔려 포도구균에 감염된 옥스퍼드 시의 경찰이었다. 투여와 함께 증세가 호전되었지만, 애석하게도 거기까지였다. 충분하다고 생각했던 페니실린은 얼마 지나지 않아 바닥을 보이고 말았다. 소변에서 다시 약을 추출하여 투여해 보기도 했지만, 결국 죽음을 막을 수는 없었다.[54]

전쟁이 벌어지는 동안, 플로리의 연구팀은 미국으로 향했다. 제약 산업을 위한 시설이 그나마 보존된 곳이기 때문이었다. 그러나 과학 연구의 공공성을 신뢰하는 플로리에게, 미국이란 나라는 그리 어울리지 않았다. 플로리는 특허 문제에 별다른 주의를 기울이지 않았고, 교활했던 미국의 제약 산업은 기회를 틈타 엄청난 양의 페니실린을 생산했다. 전쟁의 마지막 2년을 장식했던 페니실린은 결과적으로 미국 제약 산업의 주머니를 불릴 뿐이었다. 페니실린은 군수용으로 생산되어 매독과 임질, 부상 및 세균성 폐렴의 치료제로 사용되다가, 1945년 종전 직후 민수용으로 전환되었다.

페니실린은 진정으로 현대의 약이라 할 만하다. 더 많은 수

익을 위한 생산과 유통의 산업화를 끌어냈고, 이로써 단가를 낮추어 많은 이들의 생명을 구했으며, 결과적으로 실험실과 현대 의학의 이름을 드높였다. 그야말로 기적의 약이었다. 그러나 기적은 영원하지 않았다. 마구잡이로 복용된 탓이다. 딱히 페니실린이 필요하지도 않은 환자들이 비정상적인 경로로 구한 약을 용법도 모른 채 마구 먹어댔다. 페니실린에 내성을 가진 균이 등장했고, 약은 점차 효과를 잃었다. 처음에는 그리 큰 문제가 아닌 듯 보였다. 다른 종류의 페니실린이나 스트렙토마이신 같은 새로운 항생제가 있었기 때문이다. 스트렙토마이신으로 잠깐 눈을 돌려보자. 오늘날에도 결핵을 비롯한 여러 감염병에 쓰이는 항생제다. 미국에서 개발되었고, 종전 이후 영국으로 소량 수출되어 처음으로 임상시험을 거쳤다. 한정된 양을 효율적으로 이용하기 위해서라도 약효를 먼저 알아보는 편이 좋겠다는 오스틴 브래드포드 힐의 의견 덕분이었다. (앞서 언급한 폐암 연구는 스트렙토마이신 시험 이후의 일이다.) 기대에 따른 치우침을 해결하기 위해, 힐은 '이중눈가림' 대조시험을 설계했다. 시험에 참여하는 의사와 환자 모두 누가 진짜 약을 받는지 알 수 없는 구조였다. 결과는 스트렙토마이신의 승리이자 힐의 승리였다. 힐이 설계한 새로운 방법은 이후 치료법의 효과를 평가하는 황금률로 자리잡았다.[55]

그야말로 의학의 황금기였다. 페니실린과 스트렙토마이신

을 비롯한 여러 항생제 덕분이었다. 새로이 개발된 약과 백신 앞에서 약학과 의과학 연구에 대한 사람들의 기대는 한껏 부풀어만 갔다. 1940년대 말에는 코티손이 등장하였고, 류마티스 관절염으로 절뚝거리던 환자들이 일어나 바로 걷게 되었다. 이대로라면 약으로 암을 고치는 시대도 금방 올 듯했다. 발전하는 수술과 방사선 치료로도 어찌할 도리가 없었던 그 병, 바로 그 병의 정복이 눈앞에 있었다. 그뿐만이 아니었다. 조현병이나 중증 우울증 등에 효험을 보이는 정신병 치료제가 개발되었고, 1950년대에는 1920년대에 유행했던 기면성 뇌염으로 몇십 년을 혼수상태에 있던 이들이 도파민을 투여받고 잠깐이나마 정신을 차릴 수 있었다. 파킨슨병 치료제의 또다른 효능이었다.[56] 그 결과, 1960년대 초반에는 지역사회 정신의학이라는 말이 유행했다. 약을 먹고 정상적인 삶을 누릴 수 있다면, 정신병 환자라고 해서 외래 치료가 불가능할 이유가 없기 때문이었다. 마침 경증 우울증과 불안에 처방할 수 있는 리브륨(Librium)과 발륨(Valium)도 출시된 상황이었다. 무슨 병이건 걱정할 필요가 없었다. 약이 있으면 약을 먹으면 되고, 약이 없으면 약을 만들면 되는 그런 시절이었다.

1940년대 이전만 하더라도, 미국에서 진행되는 의학 연구 대부분은 민간 재단과 자선단체의 돈으로 진행되었다. 특히 암과 결핵, 소아마비에 대한 후원이 줄을 이었다. 소아마비는 프랭클린 루즈벨트의 병으로도 유명했다. 1951년부터 1955년 사이에는 한 해에 4만 여 명이 앓을 정도로 흔한 병이었고, 수많은 젊은이에게 장애라는 후유증을 남겼다. 설상가상, 바이러스성 질환인지라 항생제도 소용이 없었다. 하나의 비극을 반드시 짚고 넘어가야겠다. 너무나도 심각했던, 그리고 너무나도 인간적인 사건이었다. 1952년 코펜하겐에서는 소아마비에 걸린 환자가 속출했다. 여기저기서 기관절개와 간헐양압환기가 시행되었고, 환자의 생명을 붙들기 위해 1500명이 넘는 자원봉사자가 손으로 공기주머니를 짰다. 모두 합쳐 16만 5000시간의 선행이었다.[57] 유행병은 보통 가진 자보다는 못 가진 자에게 모질었지만, 이번에는 달랐다. 특이하게도 소아마비는 가난한 나라보다는 미국과 같은 서구 국가에서 맹위를 떨쳤다. 다시 말해, 소아마비는 오히려 위생의 질병이었다. 나이가 많은 환자일수록 신경근육장애를 보일 가능성이 높은데, 깨끗한 물이 부족한 가난한 나라의 아이들은 대부분 어린 나이에 소아마비를 앓고 가볍게 넘어가기 때문이었다.

바이러스에 의해 전파되고, 일단 회복되면 다시 걸리지 않는다는 점, 이 두 가지 사실에 근거하여 백신이 유력한 대처 방안으로 떠올랐다. 이번에는 마치오브다임 재단(March of Dimes Foundation)이 두 팔을 걷었다. 오늘날의 기준으로는 어딘가 석연치 않은 방식으로 돈을 쓰곤 했지만, 어찌되었건 부유한 재단이었다.[58] 1940년대를 지나며 여러 백신이 개발되었으나 크게 사용되지는 않았고, 1950년대에 소크 백신과 세이빈 백신이 개발되면서 비로소 대규모 사업이 시작되었다. 사백신이었던 조너스 소크(Jonas Salk, 1914~1995)의 백신은 몇 가지 결함에도 꽤 큰 효과를 보였지만, 곧 앨버트 세이빈 (Albert Sabin, 1906~1993)이 개발한 약독화 생백신에 자리를 내주었다.[59] 세이빈 백신은 먹어서 효과를 보는 경구용 제제였고, 각설탕에 백신을 몇 방울 떨어뜨린 다음 하나씩 나누어주기만 하면 되기 때문이었다. 굳이 주사를 놓을 필요가 없으니, 아이들이 떼를 쓸 일도 없었다. 장점은 여기서 끝이 아니었다. 세이빈 백신은 백신을 복용하지 않은 다른 아이들에게도 비슷한 효과를 줄 수 있었다. 백신을 투여받은 아이의 대변으로 약독화된 바이러스가 배출되고, 이렇게 배출된 바이러스가 다시 지역사회로 퍼져나가며 자연면역을 형성하는 일종의 선순환이 이루어지는 덕분이었다. 소아마비는 이제 박멸을 앞두고 있다. 천연두의 박멸과 함께, 가히 빛나는 승리라 할 만하다. 위대한 이들의 쉴 틈 없는 노력으로 일구어진 불후의 공적이다.

소아마비 백신의 성공 이후 의학 연구는 더욱더 활기를 띠었다. 그리고 그 결과, 오늘날 볼 수 있는 방대한 규모의 산학 연계 기관이 탄생했다. 메릴랜드 주 베서스다에 위치한 세계 최대의 의학 연구 기관, 미국 국립보건원(National Institutes

Inspection

Palpation

Auscultation

Contemplation

28. 환자 곁에 있는 윌리엄 오슬러. 시진과 촉진, 청진, 그리고 이어지는 심사숙고. 수많은 이들로부터 존경받는 윌리엄 오슬러 경의 모습이다. 환자의 머리맡에서 신체검사를 시행하고 그 결과를 고민하는, 근대 의학의 한 단면을 보여준다.

of Health, NIH)이 대표적이다. 1950년대부터 의학 연구의 모습은 크게 달라졌다. 미국 정부의 영향이 늘어났고, 여러 명의 공저자를 둔 논문과 대규모 실험실이 일상화되었다. 그 결과, 지난 몇십 년 동안 기초의학 연구는 폭발적으로 증가했다. 그리고 적어도 서구에서는 의료의 수준 또한 높아졌다. 21세기 초반을 살아가는 의사들은 1970년대의 의사들보다 더 나은 진단과 치료를 시행한다. 평생의 장애나 죽음을 의미하던 천식과 암, 소화성궤양, 심혈관계 질환 역시 예전 같지 않다. 그러나 연령 분포가 변하면서 만성질환이 늘어났고, 의학 연구는 이제 질병의 완치가 아닌 조절을 목적으로 한다. 인류에게 건강을 가져다주겠다는 인간게놈 서열분석과 줄기세포 연구의 약속 역시 아직은 실현되지 않았다. 과학이 더 많은 일을 할수록, 과학에 대한 기대도 함께 늘어난다. 환자들의 조바심 또한 마찬가지다. 너무나 오래 기다렸던 탓이다.

현대 의학: 새로움의 실체

의학은 무엇을 할 수 있고, 또 무엇을 할 수 없는가? 이는 현실의 문제인 동시에, 의학에 대한 태도의 문제이기도 하다. 탈리도마이드의 비극은 하나의 전환점이었다. 1950년대 말, 사람들은 탈리도마이드가 그저 임신 초기의 입덧을 예방해주는 훌륭한 약인 줄로만 알았다. 그렇게 탈리도마이드는 적절한 시험을 거치지 않은 채 서둘러 출시되었고, 40여 곳이 넘는 나라에서 모두 수천 명의 산모가 이 약을 복용했다. 예외적으로 미국에서만큼은 시중에 풀리지 않았는데, 약의 효능에 의문을 품은 담당자가 허가를 내주지 않았기 때문이다. 날카로운 식견이었다.[60] 탈리도마이드가 태아의 사지 기형을 유발할 수 있다는 사실은 모든 일이 벌어진 뒤에야 비로소 밝혀졌다. 이를 계기로 신약에 대한 안전 규정이 재정비되긴 했지만, 제약 산업에 대한 사람들의 믿음은 이미 크게 흔들리고 있었다. 다행하게도 비극 이후, 그 정도 규모의 사건이 되풀이된 적은 없다. 부작용이 드러나자마자 재빨리 회수된 경우는 몇 번 있었지만 말이다. 잘 알려진 사실이겠으나, 현대의 제약 산업은 여러 다국적 기업이 주도한다. 작은 회사는 큰 회사에 인수되어 합병되고, 연구와 개발보다는 홍보와 판매에 더 많은 돈이 투자된다. 실제로 미국에서는 처방약에까지 광고가 들러붙어 제약 산업 전반에 작지 않은 충격을 준 바 있다. 한편 신약에 대한 투자는 그리 많지 않아서 이미 존재하는 약을 조금 변형시켜 되파는 경우가 대부분이며, 연구가 이루어진다고 하더라도 서구의 질병에 집중될 뿐이다. 가난한 나라의 질병은 투자에 비해 이익을 거둘 가능성이 작기 때문이다. 이러한 이유로, 신약 연구는 오래도록 혹은 평생토록 약을 먹어야 하는 만성

질환에 몰리게 마련이다.

현대 의료가 시장에 의해 주도된다는 사실은 에이즈의 예에서 확연히 드러난다. 1980년대 미국에서 동성애자와 마약 사범을 중심으로 처음 그 모습을 드러낸 이후, 에이즈는 현대 의료의 명암을 나타내는 하나의 상징이 되었다. 부자 나라의 질병이었던 탓에 그리 오래지 않아 연구가 시작되었지만, 일부 종교 지도자들은 에이즈를 신의 징벌이라 몰아붙였다. 동성애와 같은 여러 가지 죄악의 대가라는 주장이었다. 대통령이었던 로널드 레이건 역시 오래도록 침묵을 고수할 뿐이었다. 콘돔의 사용으로 병의 확산을 막을 수 있었지만, 가톨릭의 반대가 뒤따랐다. 에이즈에 대한 사회적 낙인은 오늘날에도 여전히 무겁기만 하다.

에이즈라는 새로운 질병 앞에서 목숨의 위협을 느끼던 이들은 사회가 자신들을 저버렸다고 생각했다. 그러나 꼭 그렇지만은 않았다. 가난한 나라의 질병에 대해 서구 사회가 보여온 철저한 무관심을 생각해보라. 부자 나라는 스스로에게 위협이 되는 질병을 절대 그냥 내버려두지 않는다. 실제로 에이즈는 원인이 되는 미생물을 비교적 빨리 발견한 경우였다. 흔치 않던 암이었던 카포시 육종의 증례가 보고되고, 건강하던 젊은 성인에게서 면역체계의 이상이 관찰된 시점, 즉 에이즈라는 새로운 질병이 나타난 순간으로부터 채 몇 년이 지나지 않은 1984년, 바이러스가 확인된 것이다. 미국 연구진과 프랑스 연구진이 업적을 두고 네것 내것을 따지기도 했으니, 그것만으로도 참 현대적인 현상이었다. 큰 상을 타기 위해 치열한 경합이 벌어지는 시대가 아닌가.[61]

처음에 에이즈는 3H의 병이라고 불렸다. 동성애자와 헤로인, 아이티인을 의미하는 'homosexual' 'heroin' 'Haitian'의 앞 글자를 딴 이름이었다.[62] 그러나 오래지 않아, 비단 아이티 섬뿐만 아니라 아프리카 전체의 빈곤층이 에이즈에 취약하다는 사실이 밝혀졌다. 실제로 아프리카를 비롯한 여러 개발도상국에서는 에이즈에서 비롯한 여러 사회적, 경제적 문제들이 극명하게 드러난다. 한편 서구 사회에서 에이즈라는 질병은 이제 만성질환에 가깝다. 1990년대부터 가능해진 항바이러스제 치료를 통해 질병의 진행을 늦출 수 있기 때문이다. 물론 모성사망률은 여전히 심각한 수준이며, 약값은 만만치 않고, 치료에 따른 부작용도 적지 않다. 게다가 이환율과 사망률을 낮추고 삶의 질을 끌어올리기 위해서는 알맞은 간호와 감염에 대한 시기적절한 치료가 필수적이기도 하다. 설상가상, 다른 감염병과 마찬가지로 약에 대한 내성 문제가 떠오르고 있으니, 사람면역결핍바이러스 양성이라는 꼬리표는 여전히 암울할 뿐이다.

아프리카에서 에이즈는 보통 이성 간의 성관계로 전파된다.

이렇다 할 증상이 없는 보균자도, 증상을 나타내는 환자도 모두 엄청나게 많다. 치료는 턱없이 비싸며, 사실 가능하지도 않다. 의료 인프라가 전무한 탓이다. 말라리아와 결핵, 그리고 에이즈는 지난 몇십 년 동안 의료계를 괴롭혀왔다. 수많은 젊은 이의 건강과 목숨을 앗아간 것으로도 모자라, 최근에는 약물 치료에 내성을 보이기까지 한다. 질병의 영향은 여기에서 그치지 않는다. 질병은 가진 자와 그렇지 못한 자의 격차를 더욱 벌려놓는다. 게이츠 재단(Gates Foundation)을 비롯한 여러 국제단체의 지원이 이어지고 있지만 현실은 그리 녹록지 않다.

에이즈는 사회적 질병이다. 그럼에도 에이즈로 고통받던 많은 이들은, 의과학이 해결책을 가져다주리라 믿었다. 물론 과학과 과학에 근거한 의료는 서구 문화가 이루어낸 위대한 성취이며, 우리네 삶을 구성하는 필수 조건이다. 하지만 의과학 하나만으로는 인간의 문제를 해결할 수 없다. 진보에 대한 믿음이 빛을 잃은 세상, 우리는 그런 세상에서 살아간다.

감사의 말

이 책의 얼개를 따라 학생들을 가르쳐왔다. 그들의 의견은 나무들 사이에서 숲을 가려내는 데 큰 도움이 되었다.

옥스퍼드 대학교 출판부의 여러 직원은 빼어난 솜씨로 책을 다듬어주었다. 안드레아 키건과 익명의 심사위원들께서 보내주신 여러 편의 논평 덕분에 표현과 내용이 한결 나아질 수 있었다. 제임스 톰슨은 가히 편집자의 본보기라 할 만하다. 모두에게 감사의 말을 전한다.

무엇보다도 헬렌 바이넘에게 가장 큰 빚을 졌다. 헬렌은 꼼꼼함과 전문성을 모두 갖춘 눈으로 원고를 읽어주었다. 몇 년 전에는 내 강의를 들으러 몸소 와주기도 했다. 헬렌도 알고 있겠지만 이 책의 대부분은 그의 몫이다.

옮긴이 주

01. 엄밀히 말하자면, 카두세우스는 의술의 신 아스클레피오스의 지팡이가 아닌 전령의 신 헤르메스의 지팡이를 지칭한다. 카두세우스는 날개가 붙은 막대기에 두 마리의 뱀이 달린 형태로, 날개도 없고 뱀도 한 마리뿐인 아스클레피오스의 지팡이와는 다른 생김새를 하고 있다. 도판 4를 참고하라.

02. 욥은 구약성경 중 『욥기』의 주인공이다. 재산을 잃고 병을 얻는 등의 잇따른 시험 속에서도 끝끝내 인내하고 신앙을 저버리지 않는 욥의 모습을 통해, 『욥기』는 고난과 신앙의 의미를 되묻는다.

03. 서양사에서 고전 고대는 대략 서기전 8세기부터 서기 5세기까지의 기간을 의미한다. 이어지는 15세기까지의 기간을 중세라 부르며, 고전 고대와 중세 사이의 이행기에 해당하는 2세기에서 8세기까지의 시기를 특별히 고대 후기라 지칭한다.

04. 서양사에서 중세 후기란 14세기부터 15세기에 해당하는 시기를 일컫는 용어다. 11세기부터 13세기까지의 중세 성기와 16세기부터 시작하는 근대 초기를 잇는다.

05. '오텔 디외'는 신의 집이라는 뜻이며, '세인트바살러뮤'와 '산타마리아누오바'는 기독교의 열두 사도 중 한 명인 성 바르톨로메오와 성모마리아의 이름을 따서 붙인 이름이다.

06. 신약성경의 『루가의 복음서』와 『요한의 복음서』에 나오는 인물이다. 가난과 병으로 신음하다 죽음을 맞이하지만, 나흘 뒤 예수의 기적으로 부활한다. 라자로의 이야기는 죄에 대한 구원의 상징으로 자주 인용된다.

07. 이처럼 나병이라는 말에는 사회적 편견과 차별, 멸시의 의미가 덧씌워져 있기에, 요즘은 한센병을 나병의 대체어로 사용한다. 그러나 이러한 기준을 과거에까지 적용할 수는 없다. 엄밀히 말해 옛사람들이 생각하던 나병이란 증상에 근거한 개념으로, 세균학의 성과에 근거한 오늘날의 한센병 개념과는

일정 부분 차이가 있기 때문이다. 노르웨이의 세균학자 게르하르 헨리크 아르메우에르 한센(Gerhard Henrik Armauer Hansen, 1841~1912)이 원인균을 발견하기 전까지 의사들은 환자의 외양을 바탕으로 나병을 진단했고, 그런 탓에 나병이라는 범주 안에는 오늘날의 한센병과 유사한 증상을 나타내는 여러 질병이 다수 포함되었다. 이와 같은 역사적 맥락을 고려하여, 여기에서는 굳이 나병이라는 번역어를 사용한다.

08. 부패의 문제가 해결된 오늘날에는 굳이 이러한 순서를 따르지 않아도 된다.

09. 인간의 간은 좌엽과 우엽, 미상엽과 사각엽으로 나뉜다. 그러나 부피로는 좌엽과 우엽이 대다수를 차지하며, 그런 탓에 두 개의 엽으로 구분하는 경우도 있다. 간이 다섯 개의 엽으로 되어 있다는 갈레노스의 주장은 개를 관찰한 결과로 추정된다.

10. 『책들의 전쟁』은 풍자문학으로 이름이 높았던 조너선 스위프트의 작품이다. 고대인과 근대인의 우열을 논하는 이른바 '고대와 근대 논쟁'을 주제로 한다. 논쟁은 17세기 초반 프랑스 한림원(Académie française)에서 시작되어, 이후 영국과 독일 등에서 반복되고 변주되었다.

11. 매독의 기원에 대해서는 이론(異論)이 많다. 일군의 학자들은 저자의 설명과 같이 탐험대의 귀환과 함께 유럽으로 매독이 유입되었다고 주장하지만, 어떤 학자들은 기존에 존재하던 매종(梅腫)과 같은 병이 환경의 변화에 적응하면서 매독으로 변했다고 이야기한다. 또다른 이들은 매독이 아닌 매종이 유럽으로 전해졌고, 이렇게 전해진 매종에서 매독이 비롯했다는 일종의 절충안을 내놓기도 한다.

12. 간헐열은 일정 주기로 열이 오르내리는 증상을 말한다. 패혈증이나 결핵 등에서도 나타날 수 있지만 보통은 말라리아를 가리키는 말로 쓰인다. 기나나무의 껍질인 기나피는 오래도록 말라리아 치료에 이용되었으며, 이후 퀴닌이라는 형태로 정제되었다.

13. 이명법은 속명(屬名) 뒤에 종명(種名)을 붙이는 방식으로 생물의 종류를 구분한다. 잘 알려진 예로, 사람을 가리키는 호모사피엔스(*Homo Sapiens*)가 있다.

14. 신사를 가리키는 영어 단어 'gentleman'은 손으로 일하지 않는 사람을 의미하는 라틴어 'gentilis homo'에서 유래했다.

15. 파이어판은 소장 점막 고유층에 존재하는 면역 조직으로, 장티푸스를 다룬 루이의 원저작에도 분명히 대장이 아닌 소장이라 명기되어 있다. 저자의 오기로 보인다.

16. 특이하게도 『임상에서의 가르침』은 프랑스어 저본은 존재하지 않고, 영어로 옮겨진 번역판만 존재한다. 애초에 출간을 목적으로 한 글이 아니었으나, 영국의 외과의 피터 마틴(Peter Martin)의 요청으로 루이가 특별히 영문 번역을 허가했기 때문이다. 루이의 국제적인 명성을 확인할 수 있는 하나의 예다.

17. '사인방'은 존스홉킨스 의과대학이 기틀을 잡아갈 무렵 이름을 떨친 네 명의 교수를 일컫는다. 본문에서 언급한 오슬러를 비롯하여, 초대 학장이자 존스홉킨스 보건대학원을 설립한 윌리엄 웰치(William Henry Welch, 1850~1934), 유명한 부인과 의사였던 하워드 켈리(Howard Atwood Kelly, 1858~1943), 그리고 외과의사라면 누구나 그 이름을 한 번쯤 들어보았을 윌리엄 홀스테드(William Stewart Halsted, 1852~1922)가 여기에 속한다.

18. '종말의 기수'는 신약성경 『요한의 묵시록』에 등장하는 네 가지 악의 원천, 즉 권력욕과 정복욕, 경쟁과 전쟁, 저울질 및 굶주림, 질병 및 죽음을 가리킨다. 맬서스주의는 이와 같은 기아와 전쟁, 유행병 등이 인류의 생존에 도움이 된다고 주장했다. 잘 알려진 바와 같이 식량 생산은 산술급수적으로 증가하는 반면 인구는 기하급수적으로 증가한다고 가정했기 때문에, 인구의 증가를 억제하는 모종의 제거 작용이 필요하다고 여긴 것이다.

19. 『어려운 시절Hard Times』에 나오는 그래드그라인드는 수치로 계량화할 수 있는 유용성만을 추구하는 인물이다.

20. 내용을 좀더 정리해보면 이러하다. 사실 상부 슐레지엔에 파견되기 전만 해도 피르호는 당국의 주의를 끄는 인물이 아니었다. 그러나 그는 가난과 유행병이 얽힌 비참한 상황을 목도하며 질병의 원인이 사회구조에 있음을 절절히 깨달았고, 때마침 일어난 혁명의 폭풍우 속에서 『의료 개혁Die medicinische Reform』이라는 잡지를 창간했다. '의학은 하나의 사회과학'이며, '의사는 빈자의 변호사'일 수밖에 없음을 주장했던 『의료 개혁』은 프로이센 당국의 압력으

로 곧 폐간되었으며, 피르호 역시 근무하던 샤리테 병원에서 면직되었다. 이후 피르호는 병리학자이자, '사회의학'을 설파하는 사회개혁가로서의 삶을 살아갔다.

21. 1847년 창간 당시의 이름은 『병리해부학 및 생리학, 임상의학 문집Archiv für pathologische Anatomie und Physiologie und für klinische Medizin』이었다. 처음에는 피르호와 병리학자 베노 에른스트 하인리히 라인하르트(Benno Ernst Heinrich Reinhardt, 1819~1852)가 함께 편집을 맡았으나, 라인하르트가 사망한 이후에는 피르호가 홀로 학술지의 편집과 출간을 담당했다. 피르호가 사망한 이듬해, 피르호를 기려 『피르호 병리해부학 및 생리학, 임상의학 문집Virchows Archiv für pathologische Anatomie und Physiologie und für klinische Medizin』으로 이름을 바꾸었다. 이후 여러 번의 개칭을 거쳐 현재의 이름인 『피르호 문집』으로 정착했다.

22. 편광이란 전자기파가 특정한 방향으로만 진동하는 현상을 말한다. 타타르산은 편광을 시계 방향으로 회전시키는 종류와 반시계 방향으로 회전시키는 종류로 나뉘는데, 인공적으로 합성된 타타르산은 두 종류가 고르게 섞여 있어 편광의 효과가 상쇄되는 반면, 포도주의 침전물에는 오직 한 종류만 존재하기 때문에 편광이 일어나게 된다.

23. 만약 미생물이 저절로 발생하는 '자연발생설'이 옳다면 외부의 환경과 차단된 플라스크 내부에서도 무언가가 생겨야만 한다.

24. 정확하게는 1865년이다.

25. 오늘날 알려진 코흐의 가설과는 일부 상이한 부분이 있다.
   1. 미생물은 질병에 걸린 생물로부터 다량으로 검출되어야 하며, 질병을 앓지 않는 생물로부터는 검출되지 않아야 한다.
   2. 미생물은 질병에 걸린 생물로부터 분리되어 순수 배양되어야 한다.
   3. 배양된 미생물을 건강한 생물에 접종하여 동일한 질병을 일으킬 수 있어야 한다.
   4. 미생물은 실험을 통해 질병에 걸린 생물로부터 다시 분리될 수 있어야 하며, 원래의 미생물과 동일하여야 한다.

26. '장티푸스 메리'에 대해서는, 4장에서 이야기한 바 있다.

27. 에테르를 사용하여 공개 수술을 진행했던 치과의사 윌리엄 모튼(William Morton, 1819~1868)과 모튼에게 에테르의 사용을 권했던 모튼의 은사 찰스 잭슨(Charles Jackson, 1805~1880), 그리고 모튼보다 앞서 에테르를 사용했다고 주장하던 크로포드 롱(Crawford Long, 1815~1878) 사이의 다툼이었다.

28. 구약성경 『창세기』 3장 16절은 다음과 같다. "그리고 여자에게는 이렇게 말씀하셨다. '너는 아기를 낳을 때 몹시 고생하리라. 고생하지 않고는 아기를 낳지 못하리라. 남편을 마음대로 주무르고 싶겠지만, 도리어 남편의 손아귀에 들리라.'"

29. 아마추어 물리학자이자 광학자였던 조지프 잭슨 리스터(Joseph Jackson Lister, 1786~1869)를 가리킨다.

30. 개방골절, 즉 골절과 열상이 동시에 발생하여 골절 부위가 외부의 환경에 노출된 상태에서는 세균 감염의 위험성과 그로 인한 합병증의 가능성이 높다. 이런 탓에 『히포크라테스 전집』에도 치료법이 실려 있었던 폐쇄골절과 달리, 개방골절은 오래도록 뾰족한 해결책이 없는 불치의 병으로 남아 있었다.

31. 신체 일부의 감염이 만성질환으로 이어질 수 있다는 이론이다.

32. 나머지 둘의 이름은 에밀 뒤 부아 레몽(Emil du Bois-Reymond, 1818~1896)과 에른스트 빌헬름 리터 폰 브뤼케(Ernst Wilhelm Ritter von Brücke, 1819~1892)이다. 레몽은 베를린 대학교의 생리학 연구소를, 브뤼케는 빈 대학교의 생리학 교실을 이끌었다.

33. 베르나르는 식물이나 미생물, 그리고 하등한 동물과 달리 고등한 동물이 외부환경의 변화에 상대적으로 자유롭다는 점에 주목했다. 이를테면 사람은 외부 기온이 지나치게 높거나 낮지 않다면 언제나 일정 수준의 체온을 유지한다.

34. 대뇌피질이란 대뇌의 표면을 구성하는 신경세포의 집합을 가리킨다. 부위에 따라 감각과 운동 등 서로 다른 기능을 담당하며, 이를 대뇌피질의 기능위치 선정이라 일컫는다.

35. 페컴 실험은 질병의 부재로 정의되는 소극적인 개념이 아닌, 건강 그 자체를

추구하는 적극적인 개념으로서의 건강을 탐구하기 위해 시행된 일종의 사회 실험이다. 이니스 호프 피어스(Innes Hope Pearse, 1889~1978)와 조지 스콧 윌리엄슨(George Scott Williamson, 1884~1953)에 의해 시작되었으며, 1926년부터 1950년까지 사반세기 동안 진행되었다. 지역민 가족의 자발적인 등록과 후원을 바탕으로 운영되었고, 수영장과 체육관, 탁아소, 댄스홀, 카페, 도서관, 진찰실 등을 두어 생활 전반을 종합적으로 관리하였다. 그러나 국가보건서비스의 출범 이후 실험은 곧 종료되었다. 질병의 치료가 아닌 건강의 추구를 목적하며, 국민 개개인이 아닌 지역민 가족만을 대상으로 한다는 점에서 새로이 시작된 국가보건서비스의 이념에 부합하지 않기 때문이었다. 일정액의 후원금을 요구하거나, 강제성이 없다는 점도 차이점이었다. 현재 건강센터는 페컴 실험의 이념을 연구하고 홍보하는 일종의 비영리단체로 운영되고 있다.

36. 소라진은 클로르프로마진의 상품명으로 인류가 처음으로 만들어낸 정신병 치료제다. 항히스타민제로 개발되었으나 뜻밖의 효과가 발견되어 조현병 등의 치료에 사용되었다.

37. 흔히 영국 하면 공공 의료인 국가보건서비스를 떠올리지만, 그렇다고 사립 병원이 없지는 않다. 다만 공공 재원의 지원이 없어 별도의 비용이 들 뿐이다. 비싼 돈을 주고 이용할 수 있는 사립 병원은 대개 영국 런던의 할리 가에 위치하며, 그런 탓에 할리 가는 일종의 사설 의료 특구를 가리키는 말로 쓰인다.

38. 발린트는 일차의료에 정신요법의 요소가 포함된다고 주장했다. 의사가 환자에게 처방하는 약뿐만 아니라, 의사와 환자 사이에 이루어지는 상호작용 역시 환자에게 큰 영향을 줄 수 있기 때문이다.

39. '알마아타'는 소련, 즉 소비에트사회주의공화국연방 시기(1922~1991)의 명칭으로, 1991년 카자흐스탄이 독립한 이후 '알마티'로 개칭되었다. 여기에서는 회의 당시 통용된 이름을 기준으로 옮긴다. 또한 알마아타에서의 회의는 세계보건기구뿐 아니라 유엔아동기금(United Nations International Children's Emergency Fund, UNICEF) 등에 의해 함께 주최되었다는 점을 짚고 넘어가야겠다.

40. 컴퓨터단층촬영을 개발한 공로로 1979년, 미국의 물리학자 앨런 매클라우드

코맥(Allan McLeod Cormack, 1924~1998)과 영국의 전기공학자 고드프리 뉴볼드 하운스필드(Godfrey Newbold Hounsfield, 1919~2004)가 노벨상을 수상했다. 자기공명영상에 대해서는 2003년, 미국의 화학자 폴 크리스천 로터버(Paul Christian Lauterbur, 1929~2007)와 영국의 물리학자 피터 맨스필드(Peter Mansfield, 1933~)가 같은 상을 받은 바 있다. 한편 자기공명영상이 컴퓨터단층촬영을 대체하고 있다는 이야기는, 엄밀히 말하면 서로가 우열관계에 있다기보다는 다른 용도로 쓰인다고 보는 편이 좀더 정확하다.

41. 최소침습기술이란 인체에 최소한의 상처만을 남기며 수술을 진행하는 기법을 의미한다. 상처 부위가 빠르게 회복되고, 통증의 정도와 감염의 가능성이 상대적으로 낮다는 장점이 있다. 최소침습기술의 발달로 배를 열어 진행되던 많은 수술이 내시경이나 복강경을 이용한 수술로 대체되었다.

42. 코흐는 1909년에, 카렐은 1912년에 노벨상을 받았다.

43. 저자의 착오가 있었던 듯하다. 1956년에 선정된 공동 수상자 중 하나인 베르너 포르스만(Werner Forssmann, 1904~1979)은 수련을 마친 외과 의사였다. 나머지 수상자는 미국의 생리학자 디킨슨 우드러프 리처드(Dickinson Woodruff Richards, 1895~1973)와 프랑스 태생의 미국인 생리학자 앙드레 프레데리크 쿠르낭(André Frédéric Cournand, 1895~1988)이다.

44. 저자는 아마도 '생체기관과 세포 이식에 관한 발견'을 기념하여 수상이 이루어졌던 1990년을 말하는 듯하나, 당시 수상자는 조지프 에드워드 머리(Joseph Edward Murray, 1919~2012)와 에드워드 도널 토머스(Edward Donnall Thomas, 1920~2012), 두 명뿐이었다.

45. 개전 초기만 하더라도 손쉬운 승리를 낙관했던 영국군은 예상과 달리 고전을 면치 못했고, 이로써 영국 민족과 사회조직의 우수성에 대한 확신은 와르르 무너지게 되었다. 특히 징집된 청년들의 체력과 체위(體位)가 군 복무를 견딜 수 없을 정도라는 점이 알려지면서, 이른바 국민의 '정신과 신체의 효율'을 위해 위생과 영양 전반에 걸친 특별한 조치가 요구된다는 내용을 담은 정부 보고서가 발행되기도 했다.

46. 런던 열대의학교는 현재의 런던 위생 및 열대의학 대학원으로 계속되고 있고, 리버풀 열대의학교 역시 현재의 리버풀 열대의학 대학원으로 이어지고

있다. 본문에서 언급한 로널드 로스가 리버풀 열대의학교에서 교편을 잡았다.

47. 전향연구란 탐구하고자 하는 위험 요소를 미리 설정한 뒤, 일정 기간 변화를 추적하는 연구 방식이다. 위험 요소의 영향을 확인할 수 있다.

48. 이 부분은 재고할 필요가 있어 보인다. 역학 연구자인 알프레도 모라비아(Alfredo Morabia, 1952~)는 다음을 지적한다. 첫째는 흡연 습관을 비교하는 부분이다. 저자는 폐암 환자군과 다른 암 환자군 사이에 비교가 이루어졌다고 서술하였으나, 실제로 돌과 힐은 폐암 환자군과 암이 아닌 다른 병을 앓는 환자군의 흡연 습관을 비교 분석하였다. 둘째는 미국에서 발표된 논문에 대한 설명이다. 당시 『미국의사협회지Journal of the American Medical Association』에 발표된 두 편의 논문은 부검례가 아닌, 살아 있는 환자에 대한 인터뷰와 설문 조사를 기반으로 작성되었다. 셋째는 3만 4000명가량의 영국 의사들이 연구 참여에 동의했다는 부분이다. 모라비아는 당시 참여에 동의를 표한 의사가 4만 여 명이었으며, 그중 여자 의사 6000여 명을 제외한 남성 의사 3만 4000여 명이 연구에 포함되었다고 지적한다. 그러나 이 부분은 모라비아도 오류를 보이는데, 여성 의사뿐 아니라 남성 의사 3만 4000여 명 중에서도 35세가 되지 않은 1만 여 명의 의사 역시 분석에서 제외되었기 때문이다. 여성과 35세 미만의 남성에서는 폐암이 흔치 않기에 연구 대상으로서 부적절하다는 판단이었다. 따라서 1954년에 이루어진 돌과 힐의 연구는 4만 여 명의 동의를 받고, 그중 35세 이상의 남성 의사 2만 4000여 명 만을 대상으로 삼았다고 써야 한다.

49. 페나세틴은 진통해열제로 개발되어 선풍적인 인기를 누렸으나, 부작용이 밝혀지며 요즘은 쓰이지 않는 약이다. 클로랄 하이드레이트와 바르비투르산염은 진정 및 수면 작용이 있는 약제이다.

50. 아스피린의 작동 기전은 1971년, 영국의 약리학자 존 로버트 베인(John Robert Vane, 1927~2004)에 의해 밝혀졌다. 베인은 이 논문을 비롯하여 프로스타글란딘에 대한 연구로 수네 카를 베리스트룀(Sune Karl Bergström, 1916~2004)과 벵트 잉에마르 사무엘손(Bengt Ingemar Samuelsson, 1934~)과 함께 1982년 노벨 생리의학상을 수상하였다.

51. 치료법을 발견한 조지 호이트 휘플(George Hoyt Whipple, 1878~1976)과 조

지 리처드 마이넛(George Richards Minot, 1885–1950), 그리고 윌리엄 패리 머피(William Parry Murphy, 1892–1987)는 공로를 인정받아 1934년에 노벨상을 받았다.

52. 도마크는 전쟁이 끝나고 몇 년 뒤인 1947년에 뒤늦게 증서와 메달을 받았고, 같은 해 수상 연설을 했다. 특수한 정치적 상황을 고려하여, 공식적으로는 여전히 1939년 수상으로 기록되어 있다.

53. 사실 술파제가 세계적으로 유행했던 이유를 특허 체계의 부재로 돌릴 수는 없다. 술파제에는 도마크가 개발한 프론토실 외에도 여러 종류가 있기 때문이다. 프론토실의 특허가 등록되고 시판된 지 채 몇 달이 지나지 않아, 프랑스 파스퇴르 연구소의 에르네스트 푸르노(Ernest Fourneau,1872~1949) 연구팀은 체내로 흡수된 프론토실이 두 부분으로 분해되며, 그 결과물 중 하나인 설파닐아마이드에 실질적인 약효가 있다는 점을 밝혀냈다. 대세는 설파닐아마이드로 기울었다. 부작용이 적을뿐더러, 갓 개발된 프론토실과 달리 이미 특허가 만료된 물질이라 생산 단가도 저렴했다. 이후 설파닐아마이드를 바탕으로 여러 물질이 개발되면서 술파제로 분류될 수 있는 수많은 종류의 약이 출시되었고, 비로소 술파제 광풍이 일어나게 되었다. 이런 점을 고려해 볼 때, 술파제의 유행은 특허 체계의 부재가 아닌, 특허 문제로부터 자유로운 물질의 개발에서 비롯했다고 보는 편이 옳다.

54. 당시의 공로를 인정받아 1945년, 플레밍과 플로리, 그리고 플로리의 연구팀에 있던 생화학자 에른스트 보리스 하인(Ernst Boris Chain, 1906–1979)이 노벨상을 공동 수상했다.

55. 임상시험에는 수많은 요소가 개입하며, 이중에는 실험자인 의사와 피험자인 환자의 기대감도 포함된다. 치료가 어떤 것이라는 제 나름의 추측이 연구의 진행과 해석에 영향을 미치는 탓이다. 이중눈가림으로 진행되는 임상시험에서는 실험자와 피험자 모두 누가 어떤 치료를 받는지 알 수 없으며, 따라서 기대에 따른 치우침을 어느 정도 해결할 수 있다. 한편, 스트렙토마이신의 개발로 1952년 젤만 아브라함 박스만(Selman Abraham Waksman, 1888~1973)에게 노벨상이 수여되었다는 사실도 짚어둔다.

56. 기면성 뇌염은 뇌염의 한 종류로, 움직이거나 말을 하지 못하는 무운동함구

증 등을 동반할 수 있다. 1920년을 전후로 크게 유행하여 500만 명에 가까운 사람들에게 피해를 주었다. 마침 이 병을 소재로 한 올리버 색스의 수필『깨어남Awakenings』이 한국어로 번역되어 있다.

57. 소아마비의 원인이 되는 폴리오바이러스 감염은 근육의 마비를 유발할 수 있다. 특히 호흡에 관여하는 근육이 마비될 경우에는 환자가 호흡곤란으로 사망에 이를 가능성이 높고, 따라서 즉각적인 조치가 필요하다. 코펜하겐 블레그담스 병원의 의료진은 폐와 입을 연결해주는 공기 통로인 기관에 구멍을 내고 고무 주머니를 이용해서 직접 공기를 불어 넣는 방법을 고안했고, 성공적인 결과를 거두었다.

58. 1938년, 루즈벨트에 의해 만들어진 재단이다. 1927년에 루즈벨트와 바질 오코너(Basil O'Connor, 1892~1972)등이 설립한 조지아웜스프링 재단(Georgia Warm Springs Foundation)을 모태로 한다. '마치오브다임'은 다임, 즉 10센트의 행진이라는 뜻으로, 적은 돈이 모여 큰 힘이 될 수 있음을 나타내는 이름이다. 소아마비 문제가 어느 정도 해결된 오늘날에는 선천성 장애 및 영아 사망률의 감소를 목표로 활동한다. 이를 기념하여 1946년부터 생산된 다임 동전의 앞면에는 루즈벨트의 초상화가 새겨졌다.

59. 사백신은 죽은 병원체 일부를 몸안에 주입함으로써 항체 생성을 유도하는 방식이며, 약독화 생백신은 독성을 약하게 만든 살아 있는 병원체를 이용하는 방식이다.

60. 미국 식품의약국(Food and Drug Adminstration, FDA)의 심사관으로 일하던 프랜시스 올덤 켈시(Frances Oldham Kelsey, 1914~2015)를 말한다. 켈시는 박사과정생으로 재학시, 1937년 수많은 인명피해를 낸 엘릭시르 설파닐아마이드(Elixir sulfanilamide) 사건을 조사한 장본인이기도 하다. 시럽 제제를 만들기 위해 독성이 있는 다이에틸렌 글라이콜을 사용한 점이 화근이었다.

61. 미국의 로버트 갈로(Robert Gallo, 1937~) 연구팀과 프랑스의 뤼크 몽타니에(Luc Montagnier, 1932~) 연구팀의 갈등이었다. 발견의 선후관계를 두고 싸움이 벌어졌고, 이후 1987년 갈로와 몽타니에가 먼저 합의한 뒤, 레이건 대통령과 자크 시라크 총리의 협의로 공동 발견과 특허 사용료의 양분이 선언되었다. 그러나 그 이후로도 논란이 끊이지 않았고, 갈로와 몽타니에는 2002년

『네이처』에 다시 공동 합의문을 발표했다. 그럼에도 결국 노벨상은 몽타니에 연구팀을 향했다. 2008년, 노벨 총회는 사람유두종바이러스를 발견한 독일의 미생물학자 하랄트 추어 하우젠(Harald zur Hausen, 1936~)과 함께, 몽타니에와 프랑수아 바레 시누시(Françoise Barré-Sinoussi, 1947~)를 공동 수상자로 지정했다. 사람유두종바이러스는 자궁경부암을 일으킬 수 있는 병원체다.

62. 혈우병의 'Haemophilia'를 포함하여 4H라고도 했다.

참고문헌

제1장

『히포크라테스 전집』의 「신성한 질병에 관하여」와 「잠언」은 프랜시스 아담스(Francis Adams, 1796~1861)가 편집한,『히포크라테스 선집 The Genuine Works of Hippocrates』, 2 vols (London: The Syndenham Society, 1849)에서 인용하였다. 셰익스피어를 따온 부분은 『베니스의 상인The Merchant of Venice』 3막에 해당한다. 〔각각에 대한 한국어 번역은 여인석과 이기백이 옮긴 『히포크라테스 선집』(나남, 2011)과 최종철이 옮긴 『셰익스피어 전집 1: 희극 I』(민음사, 2014)을 참고하였다.〕

제2장

시드넘에 따르면 질병에 수반되는 증상은 개인차에 무관하게 일정하다. 이에 해당하는 부분은 그의 『의학적 관찰Medical Observations』에 실려 있다. 여기에서는 로버트 레이섬(Robert Gordon Latham, 1812~1888)이 정리한 『시드넘 전집The Works of Thomas Sydenham』, 2 vols (London: Sydenham Society, 1848)을 저본으로 삼았다. 〔시드넘의 라틴어 원고는 로버트 레이섬에 의해 영어로 번역되어 두 권으로 정리되었다. 바이넘이 인용한 부분은 제3판 서문, 15쪽에 실려 있다.〕

제3장

앙투안 푸르크루아는 파리에서 이루어질 의학 교육의 청사진을 마련했고, 이를 '적게 읽고, 많이 보고, 많이 해보아야 한다'로 요약했다. 이 부분은 에르빈 아커크네히트(Erwin Ackerknecht, 1906~1988)의 『파리 병원의 의학, 1794~1848 Medicine at the Paris Hospital, 1794-1848』 (Baltimore: Johns Hopkins University Press, 1967)에서 재인용했다. 비샤의 말도 마찬가지다. 병원의 열악함을 보여주는 '죽음으로의 관문'이라는 문구는 의사이자 문필가였던 존 에이킨(John Aikin, 1747~1822)이 만든 말이다. 오늘날에는 주로 문인으로 기억된다. '질병의 발자취'는 1605년에 출간된 베이컨의 『학문의 진보 Advancement of Learning』에서 따왔다. 〔한국어로는 이종흡이 옮긴 『학문의 진보』(아카넷, 2012) 등으로 출간되었다.〕

제4장

'사실'을 강조하는 토머스 그래드그라인드는 1854년에 출간된 찰스 디킨스의 『어려운 시절 Hard Times』에 나오는 인물이다. 〔한국어로는 장남수가 옮긴 『어려운 시절』(창비, 2009) 등으로 출간되었다.〕

제5장

뢰플러의 글은 토머스 브록(Thomas D. Brock, 1926~)이 쓴 『로베르트 코흐: 의학과 세균학에 바친 삶 Robert Koch: A Life in Medicine and

Bacteriology』(Madison, Wisconsin: Science Tech Publishers, 1988)에서 재인용하였다.

제6장

윌리엄 워즈워스의 말은 1798년에 발표된 「돌려놓은 탁자The Tables Turned」라는 시에서 인용하였다. 이반 일리치는 다양한 저작을 통해 '의인병' 개념을 벼려내지만, 그중에서도 핵심은 『의학이 가져온 재앙: 빼앗긴 건강Medical Nemesis: The Expropriation of Health』(London: Calder and Boyars, 1975)에 있다. 스노의 강의는 『두 문화와 과학혁명The Two Cultures and the Scientific Revolution』(Cambridge: Cambridge University Press, 1959)으로 출간되었다. 〔워즈워스의 시는 윤준이 옮긴 『워즈워스 시선』(지만지, 2014)을 참고하여 옮겼다. 일리치의 책은 1976년 새로운 서문을 추가한 결정판이 출간되었는데, 이것은 박홍규가 옮긴 『병원이 병을 만든다』(미토, 2004)로 국내에 출간되었다. 스노의 책은 오영환이 옮긴 『두 문화』(사이언스북스, 2001)로 출간되었다.

독서안내

의학사 일반

W. F. Bynum and Helen Bynum (eds), *Dictionary of Medical Biography*, 5 vols (Westport, Connecticut, and London: Greenwood Press, 2007). 국적 불문, 임상의학에 기여한 여러 인물의 전기를 모아놓은 저작이다. 중요한 의학 전통에 대한 개설을 함께 엮었다.

W. F. Bynum and Roy Porter (eds), *Companion Encyclopedia of the History of Medicine*, 2 vols (London: Routledge, 1993). 의학사의 여러 주제를 망라하는 일종의 백과사전이다.

W. F. Bynum, Anne Hardy, Stephen Jacyna, Christopher Lawrence, and E. M. (Tilli) Tansey, *The Western Medical Tradition, 1800-2000* (Cambridge: Cambridge University Press, 2006). 지난 두 세기의 서양의학사를 조망한다.

Lawrence I. Conrad, Michael Neve, Vivian Nutton, Roy Porter, and Andrew Wear, *The Western Medical Tradition, 800BC-AD1800* (Cambridge: Cambridge University Press, 1995). 1800년까지의 서양의학사를 조망한다. 위의 책과 짝을 이룬다.

Jacylyn Duffin, *History of Medicine: A Scandalously Short*

Introduction (Toronto: University of Toronto Press, 1999). 근대 북아메리카
의 의학사를 포괄하는 훌륭한 개론서다. 〔한국어로는 신좌섭이 옮긴
『의학의 역사: 한 권으로 읽는 서양 의학의 역사』(사이언스북스, 2006)로
출간되었다.〕

Stephen Lock, John M. Last, and George Dunea (eds), *The Oxford
Illustrated Companion to Medicine* (Oxford: Oxford University Press, 2001).
알파벳순으로 정렬된 일종의 백과사전이다. 의학사가 아닌 의학 일
반을 다루지만, 항목마다 풍부한 역사적 맥락이 서술되어 있다.

John Pickstone, *Ways of Knowing: A New History of Science,
Technology and Medicine* (Manchester: Manchester University Press, 2000). 과
학과 기술, 의학의 역사를 다룬 훌륭한 책이다. 저자 또한 믿음직스
럽다.

Roy Porter, *The Greatest Benefit to Mankind: A Medical History of
Humanity from Antiquity to the Present* (London: Harper Collins Publishers,
1999). 의학사 전체를 조망하는 탁월한 책이다. 두고두고 읽을 만하다.

Andrew Wear (ed.), *Medicine in Society: Historical Essays* (Cambridge:
Cambridge University Press, 1992). 다양한 주제를 포괄하는 여러 편의 글
을 엮어놓은 책으로, 특히 교수용으로 적합하다.

David Weatherall, *Science and the Quiet Art: Medical Research and*

Patient Care (Oxford: Oxford University Press, 1995). 뛰어난 임상의이자 의 과학자가 쓴 의학사 서적이다.

제1장 머리말 의학

Noga Arokha, *Passions and Tempers: A History of the Humours* (New York: HarperCollins Publishers, 2007). 의학과 과학에 남겨진 체액설의 영향 을 종합적으로 다룬다.

M. D. Grmek, *Diseases in the Ancient Greek World* (Baltimore: Johns Hopkins University Press, 1989). 고전 고대 시기에 존재했던 여러 질병에 대한 권위 있는 서술이다. 풍부한 사료가 함께한다.

Helen King, *Hippocrates' Woman: Reading the Female Body in Ancient Greece* (London: Routledge, 1998). 고대 의서에 쓰인 여성의 질병 을 흥미롭게 다룬다.

G. E. R. Lloyd (ed.), *Hippocratic Writings* (Harmondsworth: Penguin, 1978). 히포크라테스의 저작 일부를 모아놓은 선집이다. 전체를 조망 하는 탁월한 서론이 있어 더욱 유용하다.

Vivian Nutton, *Ancient Medicine* (London: Routledge, 2004). 믿을 수 있 는 전문가가 쓴 뛰어난 저작이다.

Owsei Temkin, *Galenism: Rise and Decline of a Medical Philosophy* (Ithaca: Cornell University Press, 1973). 1000년이 넘게 지속된 갈레노스의 영향을 분석한다.

제2장 도서관 의학

Laurence Brockliss and Colin Jones, *The Medical World of Early Modern France* (Oxford: Clarendon Press, 1997). 근대 초기 프랑스 의료 400년을 그려낸 기념비적 저작이다.

W. F. Bynum and Roy Porter (eds), *William Hunter and the Eighteenth-Century Medical World* (Cambridge: Cambridge University Press, 1895). 계몽주의 시대의 의학과 해부학을 다룬 여러 편의 글을 엮었다.

Peter Pormann and Emilie Savage-Smith, *Medieval Islamic Medicine* (Edinburgh: Edinburgh University Press, 2007). 중세 이슬람 의학이라는 복잡한 주제를 정리한 최신의 연구서다.

Roy Porter, *Quacks: Fakers and Charlatans in English Medicine* (Stroud, Gloucestershire: Tempus Publishing, 2000). 재미있는 일화로 가득한 책이다. 의료 시장에 대한 로이 포터의 관심을 엿볼 수 있는 저작이기도 하다. 분량도 적절하다.

Carole Rawcliffe, *Medicine and Society in Later Medieval England*

(Stroud, Gloucestershire: A. Sutton, 1995). 중세 후기 영국의 의료사를 보여 준다.

Guenter B. Risse, *Hospital Life in Enlightenment Scotland: Care and Teaching in the Royal Infirmary of Edinburgh* (Cambridge: Cambridge University Press, 1986). 프랑스혁명 직전의 임상의학과 의학 교육을 그려 낸 탁월한 연구이다.

Nancy G. Siraisi, *Medieval and Early Renaissance Medicine* (Chicago: Chicago University Press, 1990). 중세와 초기 르네상스의 의학을 다룬다.

제3장 병원 의학

Erwin H. Ackerknecht, *Medicine at the Paris Hospital, 1794-1848* (Baltimore: Johns Hopkins University Press, 1967). 19세기 초반 파리의 의학을 다룬 고전적인 연구서다.

W. F. Bynum, *Science and the Practice of Medicine in the Nineteenth Century* (Cambridge: Cambridge University Press, 1994). 의학의 영역에서 늘어만 가는 과학의 역할을 역사적으로 개괄한다.

Jaclyn Duffin, *To See with a Better Eye: A Life of R. T. H. Laennec* (Princeton: Princeton University Press, 1998). 청진기를 발명한 라에네크의

삶을 살피는 훌륭한 전기다.

Michel Foucault, *The Birth of the Clinic: An Archaeology of Medical Perception*, tr. A. M. Sheridan Smith (London: Tavistock, 1973). 이름 높은 사상가가 쓴 영향력 있는 저작이다. 파리 임상학파에 초점을 맞추어, 의학과 권력에 대해 고찰한다. [한국어로는 홍성민이 옮긴 『임상의학의 탄생』(이매진, 2006)으로 출간되어 있다.]

Caroline Hannaway and Ann La Berge (eds), *Constructing Paris Medicine* (Amsterdam: Rodopi, 1998). 파리 의학에 대한 여러 전문가의 글을 한데 엮었다.

Russell Maulitz, *Morbid Appearances: The Anatomy of Pathology in the Early Nineteenth Century* (Cambridge: Cambridge University Press, 1987). 임상의학을 호령하던 해부학의 황금기를 다룬다.

Guenter B. Risse, *Mending Bodies, Saving Souls: A History of Hospitals* (Oxford: Oxford University Press, 1999). 병원의 역사를 고찰하는 우아하고 탁월한 연구서다. 19세기 초반 프랑스의 병원을 날카롭게 분석한다.

Andrew Scull, *The Most Solitary of Afflictions: Madness and Society in Britain, 1700-1900* (New Haven and London: Yale University Press, 1993). 영국을 배경으로 벌어진 정신과학의 역사를 솜씨 있게 다룬다. 영국에

초점을 맞추고 있지만, 당대 유럽과 북아메리카의 풍경도 어느 정도 엿볼 수 있다.

제4장 지역사회 의학

John Duffy, *The Sanitarians: A History of American Public Health* (Urbana, Ill.: University of Illinois Press, 1990). 미국에서 일어났던 공중보건 운동을 꼼꼼히 살핀다.

Christopher Hamlin, *Public Health and Social Justice in the Age of Chadwick: Britain, 1800-1854* (Cambridge: Cambridge University Press, 1998). 가난과 질병의 관계를 다룬 연구서다.

Daniel Kevles, *In the Name of Eugenics: Genetics and the Uses of Human Heredity* (Harmondsworth: Penguin, 1986). 우생학 일반에 대한 최고의 개론서다.

Ann La Berge, *Mission and Method: The Early Nineteenth-Century French Public Health Movement* (Cambridge: Cambridge University Press, 1992). 19세기 초반 프랑스의 공중보건 운동을 훌륭하게 정리한다.

Thomas McKeown, *The Role of Medicine: Dream, Mirage or Nemesis?* (Oxford: Blackwell, 1979). 의학의 미래와 과거를 날카롭게 분석한다. 〔한국어로는 손명세와 정상혁이 옮긴 『의학의 한계와 새로운 가능성』(한울,

1994)으로 출간되어 있다.〕

Dorothy Porter, *Health, Civilization and the State: A History of Public Health from Ancient to Modern Times* (London: Routledge, 1999). 지역사회 의학의 광범한 역사를 훌륭하게 정리한다.

Dorothy Porter (ed.), *The History of Public Health and the Modern State* (Amsterdam: Rodopi, 1994). 세계 각국의 공중보건 운동을 다룬 여러 글을 한데 엮었다.

제5장 실험실 의학

Erwin H. Ackerknecht, *Rudolf Virchow: Doctor, Statesman, Anthropologist* (Madison: University of Wisconsin Press, 1953). 피르호의 삶을 여러모로 조망하는 훌륭한 전기다. 오래되었지만 여전히 읽을 만하다.

Claude Bernard, *An Introduction to the Study of Experimental Medicine*, tr. Henry Copley Green (New York: Dover Publications, 1957). 1865년에 출간된 의학의 고전이다. 〔한국어로는 유석진이 옮긴 『실험의학방법론』(대광문화사, 1985)으로 출간되었으나, 절판되어 구하기 힘들다.〕

William Coleman and Frederic Lawrence Holmes (eds), *The Investigative Enterprise: Experimental Physiology in Nineteenth-*

Century Medicine (Berkeley: University of California Press, 1988). 실험생리학과 임상의학의 관계를 다룬 여러 편의 글을 엮었다.

Patrice Debre, *Louis Pasteur*, tr. Elborg Forster (Baltimore: Johns Hopkins University Press, 1998). 파스퇴르에게 호의적인, 그러나 동시에 비판적인 전기이다.

Henry Harris, *The Birth of the Cell* (New Haven and London: Yale University Press, 1998). 19세기에 쓰였던 현미경을 주제로 한 좋은 개론서다.

Owen H. Wangensteen and Sarah D. Wangensteen, *The Rise of Surgery: From Empiric Craft to Scientific Discipline* (Folkestone, Kent: Dawson, 1978). 영웅주의에 함몰된 낡은 서사지만, 온 나라를 다루는 서술의 광범함과 세세한 부분을 놓치지 않는 꼼꼼함만은 상찬할 만하다.

Michael Worboys, *Spreading Germs: Disease Theories and Medical Practice in Britain, 1865-1900* (Cambridge: Cambridge University Press, 2000). 세균학과 세균 이론이 영국 의학에 끼친 영향을 자세히 분석한다.

제6장 현대 의학

Michael Bliss, *The Discovery of Insulin* (Edinburgh: Harris, 1983). 인슐린의 발견을 둘러싼 여러 일화를 균형 있게 서술한다.

Thomas Neville Bonner, *Becoming a Physician: Medical Education in Great Britain, France, Germany and the United States, 1750-1945* (Oxford and New York: Oxford University Press, 1995). 영국과 프랑스, 독일, 미국의 의학 교육을 분석한 훌륭한 비교사 연구다.

Roger Cooter and John Pickstone (eds), *Medicine in the Twentieth Century* (Amsterdam: Harwood Academic Publishers, 2000). 지난 시기의 의학사를 다룬 여러 편의 글을 엮었다.

John Farley, *The International Health Division of the Rockefeller Foundation: The Russell Years, 1920-1934* (Cambridge: Cambridge University Press, 1995). 국제보건과 세계의 미국화를 소개하는 훌륭한 연구서다.

Joel Howell, *Technology in the Hospital: Transforming Patient Care in the Early Twentieth Century* (Baltimore: Johns Hopkins University Press, 1995). 의과학과 기술의 발전이 병원에서의 의료 행위에 어떤 영향을 끼쳤는지 분석한다.

James Le Fanu, *The Rise and Fall of Modern Medicine* (London: Little, Brown and Co., 1999). 기자이자 의사가 서술한 20세기 의학사이다. 〔한국어로는 강병철이 옮긴 『현대의학의 거의 모든 역사』(알마, 2016)로 출간되었다.〕

Harry Marks, *The Progress of Experiment: Science and Therapeutic Reform in the United States, 1900-1990* (Cambridge: Cambridge University Press, 1997). 임상시험의 역사를 다룬 훌륭한 개론서다.

Rosemary Stevens, *In Sickness and in Wealth: American Hospitals in the Twentieth Century* (New York: Basic Books, 1989). 미국의 병원을 경제와 의학의 측면에서 분석한다.

역자 후기

　이 책은 오늘날의 의학을 이해하기 위해 서양의학의 역사를 머리말, 도서관, 병원, 지역사회, 그리고 실험실 의학이라는 다섯 가지의 유형에 따라 탐색한다. 이는 서술의 목표와 대상, 방식에 따른 규정이다. 언뜻 무관하게 보이는 세 요소는 서술의 목표를 중심으로 긴밀하게 연결되며, 바로 여기에 이 책의 특징이 있다. 요컨대 저자가 의학의 역사를 살피는 가장 큰 목적은 현재의 모습을 이해하는 데 있다. 저자에게 현대 의학이란 여러 유형으로 대별되는 서양의 의학 전통이 한데 얽힌 결과이기 때문이다. 이러한 인식을 바탕으로 저자는 서양의학의 지난날 속에서 각 유형의 의학이 나타나 전개되는 과정을 검토한다. 그렇다면 이와 같은 특유의 구성은 어떠한 장단점을 갖는가? 저자가 선택한 서술의 방식과 대상은 서술의 목표와 어떻게 연결되어 있는가? 또한 그것은 어떠한 의의와 한계를 가지며, 그 한계는 어떻게 극복될 수 있는가?

먼저 서술의 방식이다. 의학사를 서술하는 방식에는 크게 두 가지가 있다. 하나는 질병을 이해하는 방식이나 환자와 의사의 관계 등 의학사의 세부 주제에 따라 각 장을 구성하는 방식이고, 다른 하나는 고대와 중세, 근대, 현대 등 시간의 흐름에 따라 각 장을 나누는 다소 전통적인 방식이다. 각 방식의 장단점은 분명하다. 앞의 방법이 주제를 선명하게 제시하는 대신 시대의 전체적인 상을 제시하는 데 어려움을 겪는다면, 뒤의 방법은 특정 시대의 풍경을 그려내는 데 강점을 보이지만 여러 주제에 해당하는 내용을 한꺼번에 제시하는 탓에 다소 산만해질 수 있다는 위험을 안는다. 서술의 긴장도는 또다른 차이다. 적극적인 비교 분석을 통해 독자의 몰입을 돕는 주제별 구성과 달리, 시대별 구성은 자칫 그저 흥미로운 옛날이야기로 전락할 가능성이 있기 때문이다. 두 방법 모두 장단이 분명한 만큼, 어떤 방식을 택할지는 개인의 선택이다.

저자가 선택한 유형에 따른 분석은 시간의 흐름을 따르되, 현대 의학으로 이어지는 지점을 강조함으로써 역사에 현재성을 더하는 방법이다. 각 장에 붙여진 머리맡, 도서관, 병원, 지역사회, 실험실이라는 제목 탓에, 주제별 구성이 아닌가 하는 생각이 들 수 있지만 그렇지 않다. 머리말 의학과 도서관 의학은 각각 서양 고대와 중세의 의학을 다루며, 이어지는 병원 의학과 지역사회 의학, 실험실 의학은 근대 의학에, 그리고 마지막 장은 현대 의학에 해당한다. 그러나 이 책은 단순한 연대기적 서술에 머무르지 않는다. 저자는 유려한 솜씨로 오늘날에 아로새겨진 지난날의 흔적을 드러내고, 이를 통해 독자는 단순히 지나버린 일이 아닌 오늘날의 모습을 주조한 틀로서의 역사를 마주한다. 시대에 따라 달리 설정된 시간의 속도 역시 마찬가지다. 중세 2000년을 숨가쁘게 훑던 저자의 눈길은 근대에 이르러 크게 느려진다. 현대 의학을 구성하는 다섯 유형의 전통 가운데 세 가지가 등장하는 시기, 다시 말해 의학의 오늘날에 가장 큰 영향을 끼친 시기인 탓이다. 현재와의 연관성이 짙어질수록 시간은 느리게 흐르며 서술의 밀도는 높아진다. 이처럼 저자는 시간에 따른 구성을 선택함으로써 각 시대의 풍경을 효과적으로 제시하는 동시에, 지난날로부터 오늘날의 기원을 길어올림으로써 자칫 늘어지기 쉬운 연대기적 서술에 긴장감을 더한다.

문제는, 저자 나름의 수정을 거치긴 했지만, 기본적으로는 시간 축에 따른 구성이기 때문에 서술에서 일말의 산만함을 배제할 수 없었다는 점이다. 앞에서 언급한 바와 같이, 이와 같은 짜임은 세부 주제에 해당하는 내용을 일목요연하게 제시하는 데는 한계를 갖는다. 예를 들어 질병을 바라보는 관점을 생각해보자. 크게 말해 머리맡 의학의 질병관은 체액설에 기반을 두며, 병원 의학과 실험실 의학은 각각 병리해부학과 통계, 그리고 세균학과 생리학에 바탕을 둔 나름의 질병 개념을 제시하는데, 시대별 구성을 따르는 서술에서는 각각에 해당하는 내용이 산재해 있다. 따라서 주제에 따른 변화를 조망하기 위해서는 책 전체를 나름대로 재구성하여 정리할 필요가 있다. 독자 스스로 길잡이가 되어 질병에 대한 이해, 의사와 환자의 관계, 의학 지식이 발견되고 유통되는 과정, 의학과 사회의 관계 등을 중심으로 이 책을 다시 읽어본다면 더욱 입체적인 독서가 가능하리라 생각한다. 여력이 있는 독자에게는 주제별 구성을 따르고 있는 존 버넘(John Bernham)의 『의학사란 무엇인가?What is Medical History?』(Cambridge: Polity Press, 2005)를 권한다.

다음으로는 서술의 대상이다. 의학사 일반을 포괄하는 원제와 달리, 이 책은 오직 서양의학의 역사만을 다룬다. 저자가 바라보기에 "서구 사회뿐 아니라 세계 어디에서나 주류로 군림"하는 의학은 다름 아닌 서양의학이며, 따라서 오늘날의 의학을 이해하기 위해서라면 굳이 서구 사회 바깥의 의학 전통에 눈을 돌릴 필요가 없기 때문이다. 마찬가지로 현재에 초점을 맞추는 저자의 태도가 짙게 드리운 부분이다. 이러한 특징은 이슬람과 인도, 중국 등 다양한 지역의 의학을 포괄하는 여느 의학사 개론서와 비교했을 때 보다 두드러진다. 이 책에서도 이슬람 의학 등에 대한 언급이 등장하지만, 언제까지나 서양의학의 역사를 부연하는 정도에 지나지 않는다. 물론 서양의 의학 전통에 대한 조망만으로 오늘날의 모습을 서술할 수 있다는 저자의 가정이 옳다면, 서술 대상의 제한은 그리 큰 문제가 아니다. 오히려 군더더기를 쳐냄으로써 '짜임새와 조리를 갖춘' 일관된 설명이 가능하다는 장점이 있다.

한국의 상황은 다르다. 모두가 알다시피 한국에서는 전통의학으로 분류될 수 있는 한의학이 서양의학과 함께 의료의 큰 축을 이룬다. 한국의 지역적 특수성 앞에서 저자의 가정은 한계를 지니며, 서양의학의 지난날을 통해 오늘날을 설명한다는 저자의 계획 역시 마찬가지다. 물론 이를 저자의 잘못으로 돌릴 수는 없을 것이다. 저자가 활동하는 영국 또한 나름의 지역성을 갖기 때문이다. 마침 한국 의학사 통사를 조망하는 한 권의 교과서가 출간되어 있으니, 이것으로 빈틈을 메울 수 있을 것이다. 여인석 등 시대별 전문가가 엮어낸 『한국의학사』(대한의사협회 의료정책연구소, 2012)라는 책이다. 이에 더해 동양과 서양의 전통의학을 비교한 연구서인 구리야마 시게히사의 『몸의 노래: 동양의 몸과 서양의 몸』(정우진·권상옥 옮김, 이음, 2013) 등을 함께 읽는다면 현대 한국의 의료를 구성하는 두

가지 흐름에 대한 역사적 이해를 기대할 수 있겠다.

　이상으로 책의 구성에 따른 특징과 한계, 극복 방안을 간략히 살펴보았다. 서양의 의학 전통을 다섯 가지의 유형에 따라 살펴봄으로써 의학의 오늘날을 파악하고자 하는 저자의 전략은 우리에게 좀더 적극적인 독서를 요구하는 듯하다. 누가 이 책을 읽어야 하는지, 그리고 저자의 역사관은 어떠한지 등에 대해서는 서두의 머리말을 참고하면 좋겠다. 마지막으로, 사실관계에서 오류로 보이거나 별도의 설명이 필요하다고 생각되는 부분은 옮긴이 주를 통해 바로잡고 보충했다.

도판 목록

서양의학사
THE HISTORY OF MEDICINE

초판 인쇄 2017년 6월 2일
초판 발행 2017년 6월 12일

지은이 윌리엄 바이넘
옮긴이 박승만
펴낸이 염현숙
편집인 신정민

편집 최연희 장영선
디자인 강혜림
저작권 한문숙 김지영
마케팅 방미연 최향모 오혜림
홍보 김희숙 김상만 이천희
제작 강신은 김동욱 임현식

제작처 한영문화사(인쇄) 한영제책사(제본)
펴낸곳 (주)문학동네
출판등록 1993년 10월 22일
　　　　　제406-2003-000045호
임프린트 교유서가
주소 10881 경기도 파주시 회동길 210
문의전화 031) 955-1935(마케팅)
　　　　　031) 955-2692(편집)
팩스 031) 955-8855
전자우편 gyoyuseoga@naver.com
ISBN 978-89-546-4580-5 03900

• 이 도서의 국립중앙도서관 출판예정도서목록(CIP)은
　서지정보유통지원시스템 홈페이지(http://seoji.nl.go.kr)와
　국가자료공동목록시스템(http://www.nl.go.kr/kolisnet)에서 이용하실 수 있습니다.
　(CIP제어번호: CIP2017012514)

www.munhak.com